Das Zwillinge A B C - Band 1

Zwillinge und ihre Geschwister

Bibliografische Information der Deutschen Nationalbibliothek:
Die Deutsche Nationalbibliothek verzeichnet diese Publikation in der Deutschen Nationalbibliografie; detaillierte bibliografische Daten sind im Internet über www.dnb.de abrufbar.

im Verlag von Gratkowski
Postfach 40 11 11
D-86890 Landsberg
Tel. 0049-(0)8191-966 739
info@twins.de
www.twins.de
Illustrationen: Uta und Saskia Knyrim
Fotos: Privat
Herstellung: BoD – Books on Demand, Norderstedt
1. Auflage Januar 2013
2. Auflage März 2013
3. Auflage Februar 2014
ISBN 978-3-927058-18-7

Einleitung

Unverhofft kommt oft – und Zwillinge werden oft als Kind Nummer 2 und 3 geboren. Das ist einerseits super, denn Sie sind schon Eltern und haben die Umgewöhnung vom kinderlosen Paar zur kleinen Familie schon hinter sich. Und es ist andererseits schwierig, denn Ihr erstgeborenes Kind wird ja auch noch klein sein und damit eine Menge Aufmerksamkeit brauchen.

Wie können Sie die doppelte Entthronung abmildern? Was können Sie dafür tun, dass sich Ihr älteres, kleines Kind nicht angeschoben fühlt? Wie können Sie Verwandte, Freunde und die übrige Umwelt für die Bedürfnisse Ihres älteren Kleinkindes sensibilisieren?

Gisela Otto, Journalistin und selbst Zwillingsmutter und Mutter eines nachgeborenen „Einlings", hat in ihrem Umfeld recherchiert und die wichtigsten Tipps für „Vorher" und „Nachher" zusammengestellt und diese durch die spannenden Familiengeschichten anderer Zwillingseltern ergänzt.

Christiane Seeger, ebenfalls Zwillingsmutter und Mutter einer zuerst geborenen Tochter, hat sich durch die eigene Situation zu einem kleinen Bilderbuch inspirieren lassen. Diese kleine, hier integrierte Geschichte über Marie und ihre Zwillingsbrüder Jan und Ben eignet sich zum Vorlesen, aber auch zum „Mittun", denn einige der Zeichnungen sind in schwarz/weiß gehalten, damit Sie sich zusammen mit Ihrem älteren Kind ein wenig länger damit beschäftigen können und die Figuren ausmalen können.

Die Zeichnungen nach Ideen von Uta Knyrim – ebenfalls Zwillingsmutter – wurden von Saskia Knyrim ausgeführt.

Die dritte Auflage wurde durch weitere Elternbeiträge – auch zur Situation zu nach den Zwillingen geborener Geschwister erweitert.

Zwillinge im Anmarsch

Sie erwarten Zwillinge? Und Sie sind schon Mutter? Sie haben bereits ein Kind und nun sollte das zweite kommen. Stattdessen kommen Nummer 2 und Nummer 3?

Entsprechend geschockt verlassen Sie die Arztpraxis. Tausend Fragen gehen Ihnen durch den Kopf.

- Wie sollen wir das schaffen?
- Nico*) (Anna) ist noch so klein, werde ich noch Zeit für sie haben?
- Werde ich allen drei Kindern gerecht werden können?
- Das Kinderzimmer ist viel zu klein! Wie sollen da drei Betten reinpassen?
- Brauchen wir eine neue Wohnung? Wo bekommen wir die her?
- Brauchen wir nicht auch ein neues Auto?
- Wer soll das bezahlen?
- Werde ich weiterarbeiten können?
- Was wird aus meinem Beruf?

Was sagt Ihr Mann, Ihr Partner dazu? Ist er auch so geschockt oder freut er sich schon? Haben Sie ihm die frohe Botschaft schon überbracht oder war er sogar dabei, als die Zwillinge entdeckt wurden beim ersten Ultraschall?

Ist es denn überhaupt eine frohe Botschaft oder eher das Gegenteil? Was werden Ihre Eltern, Freunde und Bekannten sagen?

Zwillinge sind toll!

Bloß keine Panik auf der Titanic. Es macht gar keinen Sinn, sich jetzt verrückt machen zu lassen. Andere Eltern haben das auch geschafft. Wichtig sind jetzt Zuversicht und Freude, ja Freude! Denn Zwillinge aufwachsen zu sehen, ist etwas ganz besonderes.

*) Unsere Beispielkinder haben unterschiedliche Namen, damit sich jederman in diesem Buch wiederfinden kann.

Sie werden an Ihre Grenzen kommen, keine Frage. Aber Sie werden viel Tausend mal dafür entschädigt werden.

Mit Zwillingen erleben Sie Momente, die allen Einlingseltern vorenthalten bleiben. Wenn die beiden sich zum ersten Mal entdecken, wenn sie sich anstrahlen und lachen, wenn sie sich in ihrem eigenen Kauderwelsch unterhalten und wenn sie sich gegenseitig trösten, an den Händen halten, für einander da sind und schon sehr früh soziale Kompetenz zeigen, wie sie bei einzeln geborenen Geschwistern nicht so früh zu erwarten ist.

Was sagen die anderen?

Wenn Sie Ihre „frohe Botschaft" verkünden, werden nicht alle, denen sie von den zu erwartenden Zwillingen berichten, Ihre Freude teilen wollen. Erste Bedenken werden laut. „Und was ist mit Maja?" werden Freunde fragen, die eine Tochter im gleichen Alter haben und lieber nicht darüber nachdenken wollen, was wäre wenn ...

„Wie wollt Ihr das finanziell schaffen?" werden andere Freunde fragen, die noch keine Kinder haben und Doppelverdiener sind.

„Mit uns könnt Ihr nicht rechnen!" könnte Ihre (oder seine) Familie sagen, die vielleicht noch dazu weit weg wohnt.

„Ich kannte mal eine Zwillingsfamilie, da sind die Kinder viel zu früh geboren ..." wird eine Nachbarin sagen. Und eine andere meint dazu: „und der Vater sagte ‚Zwillinge, die wünsche ich meinem ärgsten Feind nicht!' ..."

Aber zum Glück gibt es auch die anderen, die sich mit Euch freuen werden. Die beste Freundin aus Schulzeiten, die zwei Straßen weiter wohnt und anbietet: „Ich kann für Euch kochen, wenn Du mit den Zwillingen aus der Klinik heimkommst!" Oder die Schwiegermama, die sich freut: „Toll, in unserer Familie hat es noch nie Zwillinge gegeben! Ich kümmere mich gern um Jonas, wenn die Kleinen da sind. Er soll sich nicht abgeschoben fühlen und Ihr werdet ja wenig Zeit für ihn haben!"

Oder die Kindergartenmama die schon Pläne schmiedet: „Und wenn die Zwillinge dann da sind, bringe ich die Kinder in der Kindergarten und kann Lisa gern mitnehmen, wenn es Dir hilft!"

Und auf diese guten Geister sollten Sie jetzt hören und froh sein, dass es auch Menschen gibt, die sich mit Ihnen freuen.

Und was ist mit Ihrem ersten Kind?

Trotz aller Zuversicht, es ist Zeit, sich ein paar Gedanken zu machen. Dabei geht es auch um die ganz praktischen Dinge wie:

- Wer betreut Ihr erstes Kind, wenn Sie in der Schwangerschaft Probleme bekommen, die es erforderlich machen, dass Sie zu Hause liegen oder sogar in die Klinik müssen?

- Wer passt auf die Kleine/den Kleinen auf, wenn Sie zur Entbindung ins Krankenhaus gehen?

- Bedenken Sie auch, dass Ihre Zwillinge zu früh geboren werden könnten und Sie in der ersten Zeit nach der Geburt noch oft (eigentlich täglich) in die Klinik müssen. Es gibt keine Möglichkeit, ältere Geschwister dorthin mitzunehmen.

- Wer hat Zeit für das ältere Kind, wenn in der ersten Zeit mit den neugeborenen Zwillingen „Land unter" ist?

Die praktischen Dinge lassen sich mit etwas Planung in den Griff bekommen. Und Sie sollten das alles rechtzeitig vorher organisieren, damit Sie sich dann in der Spätschwangerschaft beruhigt und gelassen zurücklehnen können.

Was bedeutet die Geburt von Zwillingen für Ihr Kind?

Sie tun gut daran, Ihr älteres (noch kleines) Kind auf die doppelte Invasion vorzubereiten. Ist der Altersabstand sehr knapp, vielleicht sogar weniger als ein Jahr, dann

werden Sie das ältere Kind kaum vorbereiten können, denn ein so kleines Kind versteht noch nicht, was da vor sich geht. Hier stehen tatsächlich die organisatorischen Vorbereitungen im Vordergrund. Mit der nötigen Unterstützung aus der Familie wird es aber auch möglich sein, diese Situation - die ja fast an Drillinge erinnert - zu meistern.
Ist Ihr älteres Kind schon etwas verständiger, vielleicht schon ein Kindergartenkind, so können Sie das Kind schon vorbereiten auf die Zwillinge, aber erwarten Sie auch hier nicht zu viel.

Auch ein dreijähriges Kind braucht seine Mama, und natürlich auch seinen Papa. Die beiden Neuankömmlinge können den bisherigen Familienalltag gehörig durcheinander wirbeln. Wer etwas anderes erwartet, verschließt die Augen vor der Realität.

Ihr älteres Kind kann

- sich in der ersten Zeit abgeschoben fühlen;
- sich zum Baby zurückentwickeln, um Aufmerksamkeit zu bekommen;
- besonders nervig sein, um Ihre Aufmerksamkeit wieder auf sich zu ziehen;
- wieder in die Hose oder ins Bett machen;
- Trotzanfälle hinlegen, „die sich gewaschen" haben;
- sich zurückziehen;
- in sehr seltenen Fällen auch zu den Zwillingen gemein sein.

Aber, um diese Probleme gut zu meistern und Ihr älteres, kleines Kind vor allzu viel Eifersucht zu bewahren, haben Sie sich ja dieses Büchlein gekauft. Und da kommt jetzt vor den Ratgeberseiten für die Eltern die Geschichte von Marie, die auf einmal zwei Brüder, die Zwillinge Ben und Jan, bekommt. Marie kann damit gut umgehen, aber auch sie fühlt sich zurückgesetzt und reagiert entsprechend eifersüchtig.

Diese kleine Geschichte wurde von Christiane Seeger geschrieben, die darin die eigenen Erfahrungen mit ihren Kindern Maren, Torben und Henrik verarbeitet hat. Maren hat die Geschichte übrigens jetzt mit einigem Abstand gelesen und für gut befunden.
Und diese kleine Geschichte sehen Sie sich jetzt einmal mit Ihrem älteren Kind gemeinsam an. Schwarz/weiß-Bilder kann Ihr Kind selbst ausmalen. Das macht bestimmt Spaß!

Hurra, meine Mama bekommt Zwillinge!

Ich heiße
Marie. Ich bin
schon groß,
sagt meine
Mama. Ich bin
schon fast vier
und gehe in
den Kinder-
garten. Ich
wünsche mir
eine Schwe-
ster, damit ich
auch zu Hause
jemanden zum
Spielen habe.

Manche von meinen Freunden aus dem Kindergarten haben ein Baby zu Hause. Katharina hat eine kleine Schwester und Hannah hat einen kleinen Bruder. Manchmal sehen wir die Frau von nebenan, wie sie ihr Baby im Kinderwagen spazieren fährt.

Ich will lieber eine „große" Schwester, mit der ich richtig spielen kann. Wir könnten zusammen in meiner Puppenküche kochen oder draußen mit dem Laufrad um die Wette fahren.

Mama sagt.: „Aber Marie, zuerst sind die Kinder doch Babys! Wenn Du eine kleine Schwester bekommst, dann dauert es eine Weile, bis Du richtig mit ihr spielen kannst!" Dann warte ich eben.

Eines Tages im Frühling holt mich Mama vom Kindergarten ab und sagt: „Rate mal, Marie, was ich für eine Überraschung habe?" Ich weiß es nicht und schüttle den Kopf. „Wir bekommen ein Baby!"

Doch die richtige Überraschung - die kommt dann im Sommer. „Marie", sagt Mama, „wir bekommen nicht nur ein Baby, wir bekommen zwei!"

Meine Mama bekommt Zwillinge! Das heißt, in ihrem Bauch wächst nicht nur ein Baby, sondern gleich zwei! Das ist etwas ganz besonderes. Und ich werde dann die große Schwester von zwei kleinen Babys sein.

Zwillinge können zwei Jungs, zwei Mädchen oder ein Junge und ein Mädchen sein. Manchmal sehen sie fast gleich aus, so dass man gar nicht weiß, wer welcher Zwilling ist. Aber das ist ziemlich selten. Die meisten Zwillinge sehen sich so ähnlich wie andere Geschwister auch.

Mama muss sich mit ihrem dicken Bauch jetzt schonen. Sie darf nichts Schweres mehr tragen und muss sich oft auf dem Sofa ausruhen. Schade, sie nimmt mich jetzt nicht mehr auf den Arm. Aber auf dem Sofa können wir schön kuscheln und Mama liest mir vor.

Mama und ich haben
jetzt viele neue Sachen für die Zwillinge eingekauft.
Und ich durfte beim Aussuchen helfen. Das Wichtigste,
sagt Mama, ist der Kinderwagen. Wir brauchen jetzt
einen ganz breiten Kinderwagen, denn in meinen alten
Kinderwagen passt ja nur ein Baby rein.

Meine alten Strampelhosen hat Mama gewaschen und sortiert. „Und was zieht das andere Baby an?“ habe ich gefragt. „Ach“, sagt Mama, „wir werden viele neue Sachen geschenkt bekommen. Das wird für beide Babys reichen!“

Dann habe ich ein großes Bett bekommen. Denn in meinem Gitterbett wird bald eines von den Babys schlafen. „Du bist ja jetzt meine ‚Große`„, sagt Mama, „du fällst schon nicht aus dem neuen Bett raus!" Mein neues Bett hat nämlich keine Gitterstäbe mehr.

Mama hat mein altes Babyspielzeug vom Dachboden geholt. Damit zu spielen macht mir jetzt auch Spaß. Viele Spielsachen kenne ich gar nicht mehr. Die Babys werden sich freuen.

Die Babys sollen im Winter geboren werden. Zum Schluss ist Mama kugelrund und kann sich kaum noch bewegen.
„Marie, hol` mir doch mal das Buch dort drüben ...!"
„Marie, kannst Du mir bitte die Milch aus dem Kühlschrank bringen ...?" Mama freut sich, dass ich ihr helfen kann.
Was würde sie ohne mich machen?

Dann ist es soweit. Mama und Papa fahren ins Krankenhaus. Mama ist nicht krank, aber für die Babys ist es sicherer, wenn sie dort geboren werden. Denn im Krankenhaus gibt es viele Ärzte und die Tante Lisa. Die ist eine Hebamme hat Mama gesagt. Und Hebammen helfen den Babys auf die Welt. Ich kenne die Tante Lisa auch schon, denn sie hat uns schon öfter zu Hause besucht.

Wenn Mama und Papa im Krankenhaus sind, darf ich bei Oma und Opa schlafen. Das ist schön. Die Oma liest mir nämlich immer noch eine schöne Geschichte vor, wenn ich mich schon in das dicke Kissen kuschle.

„Marie, guten Morgen!“ Oma steht vor meinem Bett und bringt mir einen warmen Kakao, den ich im Bett trinken darf. „Jetzt bist Du eine große Schwester! Du hast zwei kleine Brüderchen bekommen!“ Juhu! Jetzt sind die Babys da. Und morgen darf ich meine kleinen Brüderchen angucken. Wie sie wohl aussehen? Ob ich sie verwechseln werde?

Ich besuche Mama und Ben und Jan im Krankenhaus. Die Zwillinge sind ganz, ganz klein und passen zusammen in ein Bettchen. Sie sind so süß! Sie haben so kleine Hände und so winzige Füßchen. Sie haben ganz feine, schwarze Haare und sehen ein bisschen aus wie die kleinen Igelchen aus meinem Bilderbuch. Ben hat ein kleines Muttermal unter dem rechten Auge. Sonst sind sie gleich – finde ich.

Mama und meine beiden kleinen Brüder sind jetzt endlich wieder zu Hause. Es war ein komisches Gefühl, als Mama im Krankenhaus war und dort geschlafen hat. Ich habe sie vermisst, obwohl ich gern bei Oma und Opa bin.
Und ich habe mein neues Bett vermisst.

Ich habe Ben und Jan zur
Begrüßung einen kleines Stoffbärchen in ihr Gitterbett gesetzt. Weil sie so klein sind, schlafen sie noch zusammen in einem Bett, in meinem kleinen Bettchen. Doch sie gucken das Bärchen gar nicht an. „Es ist noch zu früh“, sagt Mama, „warte, bis sie ein bisschen älter sind, dann kannst du mit ihnen spielen!“

Kleine Babyzwillinge machen nur Arbeit. Man kann gar nicht mit ihnen spielen. Sie schlafen, trinken oder schreien die ganze Zeit. Immer hat Mama ein Baby auf dem Arm und Papa das andere. Und wer nimmt mich in den Arm? Wenn beide Babys weinen, weine ich auch ein bisschen, damit Mama und Papa merken, dass ich auch noch da bin.

Ich bin froh, dass Tante Lisa jeden Tag kommt. Sie hilft Mama beim Stillen und gibt ihr die Babys in den Arm. Die Babys bekommen nämlich Milch aus Mamas Busen. Während Mama Ben und Jan nacheinander stillt, kann sie mir etwas vorlesen, damit auch mir nicht langweilig wird.

Mama hat mir ein lustiges Lied beigebracht, bei dem man mit den Händen viele Bewegungen macht. Die Kleinen schlafen jetzt nicht mehr nur den ganzen Tag, sie sehen mir gerne dabei zu. Sie hören sogar auf zu weinen! Mama filmt mich mit der Kamera. Sie sagt, ich kann die Kleinen am besten trösten.

Ben und Jan sind ganz schön gewachsen. Sie können jetzt krabbeln. Sie krabbeln immer zu meinen Spielsachen und bringen alles durcheinander. Sie sabbern meine Sachen an und machen sie kaputt. So habe ich mir meine „neue Schwester" nicht vorgestellt. Mama hat ein Türgitter an mein Kinderzimmer gemacht. Wenn ich alleine spielen will, mache ich es zu.

Manchmal spiele ich, dass ich auch ein Baby bin. Dann mache ich die gleichen Geräusche wie sie. Mama füttert den beiden jetzt Brei aus dem Gläschen. Ich darf manchmal auch so ein Gläschen essen. Mmmhhh, dass schmeckt lecker. Aber Gummibärchen sind noch besser. Und die dürfen die Kleinen noch nicht essen!

Oder wir spielen alle zusammen in ihrem
Zimmer. Wir verstecken uns hinter den
Betten. Ich krabble Ben und Jan voraus
und die beiden krabbeln hinter mir her.
Dazu quietschen sie wie die Schweinchen
von Bauer Schmidt, bei dem wir immer
die frische Kuhmilch holen.

Besonders schön ist es, wenn Mama mich mit den beiden Kleinen vom Kindergarten abholt. Dann staunen die anderen Kinder. Und sie können Ben und Jan nicht auseinander halten. Aber ich kann das. Ich bin ja auch die große Schwester. Und dann bin ich gaaaaanz stolz.

Eine schöne Geschichte und wie sieht die Wirklichkeit aus?

Die kleine Marie ist eigentlich schon ein ganz großes Mädchen. Sie versteht schon, dass ihre Mama zwei Babys erwartet. Natürlich kann sie sich nicht vorstellen, wie es wirklich sein wird, wenn ihre zwei Brüderchen auf der Welt sind.

Vorbereitung ist wichtig

Wenn Ihr erstgeborenes Kind so verständig wie die kleine Marie ist - egal ob Sie ein Töchterchen oder einen Sohn haben - dann können und sollten Sie Ihr Kind in alle Vorbereitungen mit einbeziehen.

• Nehmen Sie Ihr Kind zur Vorsorgeuntersuchung mit. Vielleicht darf es bei der Ultraschalluntersuchung dabei sein?

• Überfordern Sie Ihr kleines Kind jedoch nicht mit medizinischen Details.

• Lassen Sie Ihr Kind fühlen, wie sich die Babys bewegen.

• Jetzt ist auch ein guter Zeitpunkt für Gespräche mit Ihrem älteren Kind über dessen Babyzeit. Kramen Sie Babyfotos heraus und erzählen Sie davon, „wie es war" ... als dieses Kind geboren wurde.

• Kümmern Sie sich rechtzeitig um Hilfe. Wer kann einspringen, wenn Sie plötzlich - und vielleicht schon Wochen vorher - ins Krankenhaus müssen?

• Gewöhnen Sie Ihr älteres, aber noch kleines Kind daran, Zeit mit anderen zu verbringen. Vielleicht gibt es eine kleine Kindergartenfreundin (einen Kindergartenfreund), bei der Sie Ihr Kind ab und zu zum Spielen abgeben können. Dann kann diese Familie auch einmal einspringen, wenn Sie dringend jemanden brauchen, der auf Ihre Kleine oder Ihren Kleinen aufpasst.

• Haben Sie Verwandte vor Ort? Gibt es Oma und Opa? Können die einspringen? Jetzt haben Sie noch Zeit, Ihr Kind daran zu gewöhnen, dass es auch mal bei den Großeltern übernachtet. Dann fühlt sich Ihr Kind nicht abgeschoben, wenn die Zwillinge da sind, und Oma mal zur Entlastung einspringt.

- Beziehen Sie Ihr älteres Kind in möglichst viele Vorbereitungen mit ein. Ihr kleines Töchterchen oder Ihr Sohn kann durchaus mitreden, wenn der neue Kinderwagen ausgesucht wird. Wieso nicht sie oder ihn über die Farbe entscheiden lassen? (Es muss ja nicht lilablassblau mit pinkfarbenen Elefanten sein ...)

- Lassen Sie sich helfen, wenn das neue Kinderzimmer eingerichtet wird oder die Schränke mit frischgewaschener Babywäsche gefüllt werden.

- Veränderungen wie ein Umzug in ein größeres Bett, sollten einige Zeit vor der Geburt der Zwillinge gelaufen sein.

- Das gilt auch für die ganz großen Veränderungen wie zum Beispiel Umzug in eine andere, größere Wohnung, Umzug in ein anderes Kinderzimmer oder sogar der Start in den Kindergarten.

- Besorgen Sie ein kleines Geschenk, das Ihr Kind erhält, wenn Sie mit den Zwillingen nach Hause kommen. Sie haben die Zwillinge geschenkt bekommen, Ihr kleines Töchterchen freut sich vielleicht über eine neue Puppe. Und der Sohn über einen Bagger. Sorry für das Klischee!

- Vielleicht finden Sie eine Zwillingsfamilie, die schon ein großes Kind hat und können diese mit Ihrem älteren Kind im Vorfeld der Zwillingsgeburt besuchen? Also eine Art „praktisches Zwillingstraining“ vorab?

Welche Schwierigkeiten könnten auftauchen?

Natürlich wird es nicht reibungslos gehen. Wenn Sie selbst jüngere Geschwister haben, können Sie sicher nachempfinden, wie es ist, wenn da plötzlich ein Störenfried – und jetzt sogar zwei von dieser Sorte – in den Haushalt einziehen. Das ältere Kind, das bisher

Platz Nummer Eins im Herzen seiner Eltern hatte, wird buchstäblich vom Thron gestoßen.

Und da nützt es auch nichts, dass Sie Ihrem Ältesten (Ihrer Ältesten) die beiden Neuankömmlinge als neue Spielkameraden „schöngeredet" haben ... denn bis die Zwillinge soweit sind, mitspielen zu können, vergehen viele Jahre, wenn es überhaupt dazu kommt. Denn haben die Zwillinge eine sehr intensive Beziehung zu einander, wird das ältere Kind stets ausgeschlossen bleiben und vielleicht nie bei den Zwillingsgeschwistern mitspielen dürfen.

Also, sehen Sie den Tatsachen ins Auge und rechnen Sie mit folgendem:

- Ihr älteres Kind, wird sich erst ein wenig schüchtern an die Neulinge heranwagen.

- Später wird es die Hemmungen etwas verlieren, dann kann's manchmal auch recht robust zugehen. Keine Angst - Babys halten eine Menge aus.

Wenn sich die erste Aufregung gelegt hat und der Alltag eingekehrt ist, kommen die wahren Herausforderungen. Ihr älteres Kind wird auf sich aufmerksam machen wollen, denn es spürt natürlich, dass Sie durch die Zwillinge mehr als eingespannt sind. So ist es keineswegs ungewöhnlich, wenn Ihr älteres Kind

- selbst wieder „Baby" spielt, also vermehrt weint (denn Weinen schafft Aufmerksamkeit - das sieht es ja bei den neugeborenen Zwillingen);

- bockig ist, obwohl die Trotzphase schon vorbei schien. Auch Trotz ist nur ein Mittel, um wieder mehr Aufmerksamkeit zu bekommen. Schmeiß ich mich vor dem Supermarkt auf den Boden, muss meine Mama sich um mich kümmern, weil die anderen Leute schon gucken. Vielleicht denkt ein kleines Kind das nicht so detailliert, doch der „Erfolg" gibt ihm recht.

- wieder eine Windel braucht, weil auch das Extrazeit mit der Mama bedeutet und schlimmstenfalls ein echtes seelisches Problem dahintersteckt ... könnte ja sein, dass die Ankunft der Zwillinge Ihr älteres Kind tatsächlich seelisch mehr aus der Bahn wirft, als Sie glauben ...

Aber, auch wenn die erste stressige Zeit vorbei ist, kann das ältere Kind Unarten entwickeln, mit denen Sie nie im Leben gerechnet haben. Es kann, statt den Zwillingen ein Vorbild zu sein – im Gegenteil: Die Zwillinge zu allerlei Unsinn anstiften und „babylicher" als die Babys sein. Und die machen natürlich begeistert mit. Merke: Schon Zwillinge stiften sich gegenseitig an. Wenn dann „der (oder die) Große" extra Blödsinn macht – na klar, dann wird mitgemacht.

Erste Hilfe-Maßnahmen

Was also tun? Oberstes Gebot: Nicht die Nerven verlieren. Aber der Reihe nach:

- Denken Sie mal zurück. Wie war das, als Sie große Schwester (oder großer Bruder) wurden? Haben Sie sich da nicht auch ein bisschen zurückgesetzt gefühlt? Was haben Sie für „Sperenzchen" gemacht, um die Aufmerksamkeit Ihrer Mutter zurück zu gewinnen? Na also. Jetzt können Sie sich in Ihr „großes" Kind hineinversetzen und schon ist es nicht mehr so schlimm, dass es den Babys den Saft ins Bettchen geschüttet hat.

- Wenn Ihr älteres Kind gemein zu den Zwillingen ist – auch das kann natürlich vorkommen – sollten Sie es nicht schimpfen. Viel besser ist es jetzt, das Kind auf den Schoß zu nehmen und ruhig und ohne laut zu werden, zu erklären, warum man das nicht tun darf, warum man Babys nicht zwickt, ihnen den Schnuller nicht aus dem Mund reisst und dass Babys sich nicht wehren können.

• Statt mit Argusaugen darüber zu wachen, dass das ältere Kind keinen Blödsinn macht, sollten Sie es jetzt lieber beschäftigen: „Marie, Du könntest mir mal das Spucktuch bringen ..." Da wird sich Marie wichtig fühlen und gebraucht. Und nur darum geht es ja: Ihr älteres Kind darf sich nicht abgeschoben durch die Neuankömmlinge fühlen.

• Natürlich kann man auch nicht erwarten, dass ein älteres Kind immer beim Windelwechseln zuschauen wollen wird. Das wird ja mit der Zeit auch langweilig. Also tun Sie gut daran, für die Zeiten, in denen Sie sich ausschließlich um die Babys kümmern müssen (beim Stillen, Wickeln, Baden) und wirklich gar keine Hand frei haben für Ihr älteres Kind, dieses sinnvoll zu beschäftigen. Deshalb stellen Sie einen Korb mit Spielsachen zusammen, die das ältere Kind nur zur Verfügung bekommt, wenn solche Zeiten anstehen. Das macht diese Spielsachen interessant und wird Ihr älteres Kind bei Laune halten, bis Sie sich wieder um es kümmern können.

• Während des Fütterns oder des Stillens können Sie Ihrem älteren Kind aus einem Buch vorlesen. Das geht natürlich besser, wenn Sie die Zwillinge nacheinander (also nicht gleichzeitig) versorgen. Dann haben Sie ja eine Hand frei, um das Buch zu halten. Das geht aber auch nur, wenn Zwilling Nummer 2 geduldig wartet und nicht vielleicht schon Zetermordio schreit vor Hunger.

• Wenn Sie die Zwillinge gleichzeitig stillen, könnte das Buch aber auch auf einem Notenständer oder auf einer Buchstütze liegen, die man ja auch für das Lesen im Bett kaufen kann. Man muss also einfach ein wenig improvisieren ...

• Gute Dienste leistet (sicher nicht nur beim Stillen) eine oben schon erwähnte Überraschungs-Spielzeugkiste. Packen Sie also schon beizeiten immer mal ein Spielzeug weg, das dann in der Überraschungskiste wieder entdeckt werden kann und Ihr älteres Kind bei Laune hält, wenn Sie wegen der Zwillinge keine Zeit haben, sich um Ihr älteres Kind zu kümmern.

• Versuchen Sie auch, ausreichend Zeit draußen zu verbringen. Na klar, bis die ganze Mannschaft angezogen ist und Sie mit dem Zwillingswagen losschieben können, dauert es einige Zeit. Aber, Sie werden sehen, im Freien entspannt sich die Lage, vor allem, wenn die Zwillinge beim Spaziergang viel schlafen. Dann haben Sie Zeit für Ihr älteres Kind.

• Spielplätze sind vormittags meist menschenleer ... das wäre auch eine gute Zeit, mit Ihrem älteren Kind (falls es noch nicht in den Kindergarten geht) und den Zwillingen „auszurücken". Denn dann haben Sie Ihre Kleine/Ihren Kleinen besser im Blick, als wenn zu viele Kinder auf dem Spielplatz herumwuseln ...

• Und natürlich sollten Sie versuchen, andere, mit denen Ihr älteres Kind gern zusammen ist, einzuspannen. Da ist es wirklich prima, wenn eine befreundete Mutter Ihre Kleine/Ihren Kleinen nicht nur vom Kindergarten abholt, sondern sie/ihn für das Mittagessen und einen schönen Nachmittag zum Spielen bei sich behält.

• Ganz toll ist es jetzt auch, wenn die Oma nachmittags Zeit hat und vorbei kommt, nicht nur, um die Zwillinge zu bestaunen, sondern um mit ihrem erstgeborenen Enkel vielleicht Memory zu spielen und ganz intensiv für sie oder ihn dazu sein.

• Zeit für das ältere Kind gewinnen - auch das ist eine gute Möglichkeit, die Schwierigkeiten des Anfangs abzumildern. Gibt es eine zuverlässige Schülerin in der Nachbarschaft, die vielleicht einmal pro Woche eine Runde mit den Zwillingen spazieren geht? Dann hätten Sie Zeit, die Sie ganz gezielt mit Ihrem Erstgeborenen verbringen können.

• Da kann natürlich auch der Papa einspringen. Statt immer nur alles zusammen zu machen, geht vielleicht einer von Ihnen beiden nur mit dem älteren Kind zum Schwimmen oder ins den Zoo oder zum Spielplatz ...

Ganz wichtig: Die Aufmerksamkeit der anderen

Die Aufmerksamkeit durch die Eltern ist eine Sache. Aber die Aufmerksamkeit, die ein kleines Kind durch andere erfährt - also fremde Passanten, Verwandte, die zu Besuch kommen oder Freunde - das ist etwas anderes, aber auch ganz wichtig in dieser Situation. Und gerade, wenn es gilt, neugeborene Zwillinge zu bestaunen, ist es ganz wichtig, dass man die Aufmerksamkeit der anderen auch auf das kleine Mädchen/den kleinen Jungen lenkt, das/der so verloren neben dem Zwillingskinderwagen steht ...

Während sich Fremde und Bekannte ganz verliebt über den Kinderwagen mit den Zwillingen

Ein paar wichtige Sicherheitsaspekte

Drei Kinder unter drei ... da kann man/frau schon mal den Überblick oder sogar die Nerven verlieren. Es gibt allerdings ein paar Dinge, die sollten Sie auf jeden Fall beherzigen:

- Niemals ein Baby allein auf dem Wickeltisch liegen lassen! Auch nicht „nur mal kurz" weggehen, weil Ihr älteres Kind sie vielleicht gerade braucht ... „Nur mal kurz" kann viel zu lang sein!

- Die Zwillinge besser sowieso nicht gleichzeitig wickeln oder das Wickeln einfach auf dem Boden (auf einer Matratze) durchziehen.

- Niemals die Kinder allein lassen, wenn sie vielleicht zusammen in einer Wanne baden! Auch nicht, wenn die Zwillinge in der Wanne schon sitzen können!

- Niemals die Kinder überhaupt über einen längeren Zeitraum ganz alleine lassen. Vor allem, wenn es sehr ruhig im Kinderzimmer wird, ist meist Gefahr im Verzug!

- Niemals die Zwillinge unangeschnallt im Sportwagen sitzen lassen, bis Sie vielleicht Ihrem älteren Kind geholfen haben, das Fahrrad aus dem Keller zu holen!

- Niemals mit Zwillingswagen und Laufrad (oder Fahrrad) allein (in der Stadt) losziehen, wenn Ihr älteres Kind noch Unterstützung beim Fahrradfahren oder mit dem Laufrad braucht!

- Niemals Ihr älteres, noch kleines Kind als Aufpasser für die Zwillinge überfordern.

beugen, wird Ihr älteres Kind oft vergessen. Es steht wie ein Statist daneben und fühlt sich unwohl.

Jetzt müssen Sie dafür sorgen, dass sich die unbedarften Mitmenschen auch Ihrem älteren, kleinen Kind zuwenden.

Es schadet nicht, wenn Sie Passanten und andere darauf hinweisen, dass hier noch jemand ist, der süß ausschaut, nett ist und schon so groß ist, prima mithilft, ganz stolz auf die Kleinen ist, ganz genauso niedlich als Baby war usw. Viele Menschen wissen gar nicht, wie schwer es für ein so kleines Kind ist, die Liebe seiner Eltern plötzlich teilen zu müssen. Sie sind einfach gedankenlos und man muss ihnen auf die Sprünge helfen.

Sie könnten sagen:

- Ja, das sind Zwillinge. Meine Große, die kleine Marie, ist auch ganz stolz auf ihre beiden Brüderchen.

Oder sagen Sie es etwas direkter:

- Ja, das sind Zwillinge. Und das ist unsere ältere Tochter, die kleine Marie. Sie fühlt sich sowieso schon zurückgesetzt, erst recht, wenn man sie übersieht und sich nur auf die Zwillinge stürzt ...

Die meisten Mitmenschen haben Verständnis für die schwierige Situation, wenn man sie erst einmal daraufhin anspricht. Entscheiden Sie, bei wem Sie direkter sein können und bei welchen – eher fremden – Personen der „Wink mit dem Zaunpfahl" vielleicht etwas dezenter ausfallen sollte.

Verwandten und Freunden kann man aber auch ganz gezielt „Anweisungen" erteilen, wie sie Marie in der ersten schwierigen Zeit helfen können.

Vom Umgang mit Verwandten & Freunden

Auch Verwandte und Freunde machen sich oft gar keine Gedanken darüber, wie es auf die kleine Marie wirken muss, wenn sie plötzlich die zweite Geige spielt. Es ist kein Witz – sie vergessen beim Erstbesuch, der kleinen Marie auch ein Geschenk mitzubringen. Sie beugen sich über den Stubenwagen und brechen in Verzückung aus. Ihre kleine Tochter/oder Ihr kleiner Sohn steht daneben und versteht die Welt nicht mehr. Eben noch war sie/oder er Tante Erikas Liebling, jetzt streicht sie ihr/oder ihm gedankenverloren über den Kopf und hat nur noch Augen für die beiden Neuankömmlinge.

Was tun?

- Aussprechen, was Sache ist. „Du hast ja den Ben völlig übersehen! Der ist sowieso schon ganz traurig, weil sich alle so auf die Zwillinge stürzen!" Vielleicht sollte das aber der Ben nicht unbedingt mithören ...

- Zur Sicherheit sollten Sie selbst ein paar kleine Geschenke parat halten ... ein paar Matchboxautos für den kleinen vom Thron gestoßenen Prinzen, ein paar Sachen aus dem „Lillifee"-Sortiment für die kleine traurige Prinzessin. Die Kleinigkeiten drücken Sie Tante Erika in die Hand, die total vergessen hatte, dass es außer den neuen Zwillingen ja noch ein weiteres Kind gibt, das sich über ein kleines Geschenk freuen würde.

- Noch besser wäre es natürlich, wenn die Tante Erika selbst an ein kleines Mitbringsel gedacht hätte. Da sie gewiss nicht einfach so hereinplatzt, kann man ihr das schon am Telefon im Vorfeld des Besuches nahelegen. Sie wird für den Tipp dankbar sein.

Geschenke und Mitbringsel sind nicht alles. Es geht auch ganz allgemein um die Aufmerksamkeit, die so ein kleines Kind braucht. Deshalb sollte man im Vorfeld von Verwandtenbesuch und auch wenn sich Freunde/Bekannte angemeldet haben, die schwierige Situation des älteren Kindes ansprechen.

Da wird jeder Verständnis haben und versuchen, die kleine Marie oder den kleinen Ben mit einzubinden ins Gespräch und in die Aktionen, die mit den Zwillingen stattfinden. Zum Beispiel können Tanten, Onkel, Oma und Opa und gute Freunde erzählen, wie es damals mit der „kleinen Marie" war, als sie geboren wurde ...

Das hören kleine Kinder gern und sie werden aufmerksam lauschen. Sie werden sich weniger zurückgesetzt und nicht überflüssig fühlen.

Ihr älteres Kind in Kindergarten & Schule

Besucht Ihr erstgeborenes Kind schon den Kindergarten oder sogar schon die Schule? Dann ist es zwar schon verständiger, das heißt aber nicht, dass es keine Probleme durch das Gefühl der Zurücksetzung geben kann.

Deshalb ist es immer gut, Erzieherin und Lehrerin über die bevorstehende Zwillingsgeburt zu informieren. So können diese Bezugspersonen einschätzen, warum sich das Kind vielleicht in der ersten Zeit nach der Geburt der Zwillinge anders oder sogar auffällig verhält. Und Erzieherin/Lehrerin können manche Probleme schon im Vorfeld abfedern.

Suchen Sie sich Hilfe

Hier noch einmal in aller Deutlichkeit: Um anfängliche Probleme zu meistern, alle drei Kinder zu versorgen und allen genügend Aufmerksamkeit entgegen zu bringen, sollten Sie sich Hilfe holen. Scheuen Sie sich nicht, um Hilfe zu bitten. Sei es, dass die Nachbarin Ihnen etwas aus dem Supermarkt mitbringt, der Nachbar den schweren Zwillingswagen aus dem Keller holt oder Ihre Freundin einmal ein fertig gekochtes Mittagessen vorbei bringt. Viele Menschen möchten gern helfen und wissen nicht, wie. Sie möchten sich nicht aufdrängen und trauen sich nicht, ihre Hilfe von sich aus anzubieten. Wenn Sie sie direkt bitten, freuen sie sich.

Viele Zwillingsmütter haben auch den Ehrgeiz, alles allein schaffen zu wollen. Diesen Ehrgeiz sollten Sie mal ganz schnell ablegen. Niemand würde erwarten, dass Sie allein zurecht kommen, wenn Ihre Zwillinge vielleicht Schreibabys sind oder speziell problematisch, weil zu früh geboren. Und auch, wenn Ihre Zwillinge nicht irgendwie auffällig sind, wird Ihnen Hilfe gut tun.

Hilfe einfordern und Hilfe annehmen - das ist die Devise!

Ernstere Probleme ... Ihr Kind braucht wieder eine Windel

Wird ein neues Geschwisterchen geboren (und hier sind es gleich zwei!) kommt es häufig vor, dass das ältere Kind, das bereits sauber und trocken war, zurückfällt ins „Windelzeitalter". Einerseits lässt sich dieses Verhalten damit erklären, dass das ältere Kind sieht, wie sehr Sie sich um die Zwillinge kümmern. Eine eigene nasse Hose schafft Aufmerksamkeit ... auch wenn der Grund für die größere Zuwendung der Mama negativ ist.

Andererseits können unverarbeitete Tagesgeschehnisse und Situationen dem Kind so zu schaffen machen, dass es nachts nicht mehr „dicht hält" ...

Das haben Sie jetzt wirklich noch gebraucht: Zusätzlich zur arbeitsintensiven Versorgung der Zwillinge ein weiteres Wickelkind. Jetzt nicht die Nerven verlieren. Geben Sie Ihrem älteren Kind einfach wieder eine Windel um, vor allem in Situationen, wo es unpassend wäre, dass ein Malheur geschieht ... also, wenn Sie zusammen unterwegs sind (zum Einkaufen, zum Besuch bei Freunden) und nehmen Sie immer eine Ersatzhose für den Fall der Fälle mit. Auch nachts geben Sie dem Kind wieder eine Windel um. In den allermeisten Fällen geht auch diese Zeit vorüber und Ihr älteres Kind wird wieder sauber und trocken.

Was sagt die Expertin zu diesem Thema? Sigrun Eder ist seit kurzem selbst Mutter von Zwillingen. Schon lange hat sie sich mit dem Thema „Sauberkeit" befasst und zahlreiche Bücher zum Thema geschrieben.*)

Das Zwillinge ABC: Sie sind Expertin für Kinder, die nicht zu dem Zeitpunkt „sauber & trocken" sind, wie sich Eltern das wünschen. Was wäre denn der richtige Zeitpunkt, zu dem ein Kind sauber sein sollte?

Sigrun Eder: Ein normal entwickeltes Kind sollte spätestens mit fünf Jahren harn- und stuhlsauber sein.

Das Zwillinge ABC: Welche ersten Schritte würden Sie betroffenen Eltern raten? Wo finden sie Hilfe?

Sigrun Eder: Einkoten bzw. Einnässen tritt in verschiedenen Formen auf. Durch gezielte Beobachtung kann oftmals erkannt werden, mit welcher man es zu tun hat. Deshalb sollen Eltern das Erleben und Verhalten ihres Kindes beobachten, indem sie zum Beispiel auf seine Stimmung, zu welchen Zeiten, in welchen Situationen, wie oft und wie viel es einnässt bzw. einkotet achten. Im Gespräch mit dem Kind sind seine Bedürfnisse zu erfragen und Wege zu finden, welche wie beantwortet werden können. In Familienberatungsstellen oder bei niedergelassenen auf Kinder spezialisierte PsychologInnen und PsychotherapeutInnen erhalten Eltern und Kind Unterstützung. Der Kinderarzt/die Kinderärztin soll unbedingt bei Verdacht auf Schmerzen beim Wasserlassen oder Kot absetzen aufgesucht werden, ebenso um verschiedene organische Ursachen zu erkennen bzw. auszuschließen. Meine Kindersachbücher „Volle Hose" (Co-Autorin: Daniela Klein) und „Nasses Bett" (Co-Autorin: Elisabeth Marte) machen die heiklen Themen besprechbar und leiten in der Problemlösung an.

Das Zwillinge ABC: Was raten Sie Eltern, deren älteres Kind wieder einnässt, wenn ein neues Geschwisterchen geboren wird?
Sigrun Eder: Bei Einnässen untertags (hier man spricht von funktioneller Harninkontinenz) und in der Nacht gibt es verschiedene Erscheinungsformen und somit unterschiedliche Behandlungsmöglichkeiten. Grundsätzlich empfiehlt es sich, das ältere Geschwisterkind einzubinden, ihm altersadäquate Aufgaben in der Säuglingspflege zu übergeben, so dass es sich gebraucht fühlt und sich im Laufe der Zeit mit den neuen Familienmitgliedern verbunden fühlt. Bei Ablehnung sollen unbedingt exklusive Mama-Papa-Zeiten eingeführt werden, das heißt, eine halbe Stunde pro Tag, wo sich der jeweilige Elternteil ausschließlich mit dem erstgeborenen Kind beschäftigt.

Das Zwillinge ABC: Sie sind jetzt selbst Zwillingsmutter, können Sie sich vorstellen, dass diese Entthronung im Fall von Zwillingen doppelt hart ausfällt?

Sigrun Eder: Ja, ich kann mir das gut vorstellen! Schließlich hat man nur zwei Hände und frischgeborene Zwillinge sind sehr betreuungsintensiv. Je kürzer der Altersunterschied zum Erstgeborenem ausfällt, desto weniger ist für ihn/sie die Veränderung in der Familie und Eltern-Kind-Beziehung nachvollziehbar.

Das Zwillinge ABC: Wie reagieren Eltern in so einer Situation - Kind braucht nachts wieder Windeln, seit die Zwillinge geboren sind - richtig? Schimpfen ist sicher nicht das richtige Mittel? Aber ist die Wiedereinführung der Windel sinnvoll?

Sigrun Eder: Ein Kind, das untertags durch den Familienzuwachs gestresst ist, keine Ruhe findet oder einen gestörten Nachtschlaf hat, kann trotz längerer Trockenphase wieder einnässen. Es gilt auch hier, die Bedürfnisse des Kindes zu erfassen und zu beantworten, um das Beziehungsband zwischen Eltern und Kind nicht zu beschädigen. Das kostet vielfach Zeit und die sollen sich Eltern nehmen. Inwiefern wieder auf die Windel zurückgegriffen wird, ist individuell und situationsabhängig zu entscheiden. Sofern das Kind die Windel als hilfreich erlebt und sie wünscht, kann sie wieder zum Einsatz kommen.

Das Zwillinge ABC: Muss man sich Sorgen machen, oder ist das eine völlig normale Situation, die von ganz allein wieder verschwindet?

Sigrun Eder: Normal ist, dass ein Kind auf Veränderungen reagiert und Probleme verschwinden meist, sobald sich im System etwas verändert. Wenn ein Kind Rückschritte in der Entwicklung macht oder sich in seinem Erleben und Verhalten besorgniserregend verändert, ist es immer die Aufgabe der Eltern zu reagieren, indem sie sich fragen womit es zu tun haben könnte, zum Beispiel mit familiären Veränderungen oder organischen Ursachen. Tritt Einnässen nach einer Sauberkeitsphase signalisiert das, etwas ist nicht im Lot. Da braucht es Geduld und das Bemühen herauszufinden, was das Kind nun an Unterstützung und Zuwendung benötigt.

*) Mag. Sigrun Eder ist Klinische und Gesundheitspsychologin sowie Systemische Psychotherapeutin. Sie arbeitet in den Salzburger Landeskliniken der Universitätsklinik für Kinder- und Jugendpsychiatrie. Sigrun Eder ist Begründerin und Hauptautorin der kontinuierlich fortgesetzten SOWAS!-Kindersachbuchreihe bei Edition Riedenburg.
www.sigruneder.com * info@sigruneder.com

Alles spielt sich ein ... und manche Probleme bleiben

Am Anfang nach der Zwillingsgeburt scheinen die Versorgung und andere praktische Probleme im Vordergrund zu stehen. Das bekommen Sie mit der entsprechenden Planung und auch mit etwas Hilfe (um die Sie manchmal konkret bitten müssen - also keine falsche Zurückhaltung) in Griff. Doch wie geht es weiter? Die Zwillinge werden größer und die möglichen Probleme anders.

- Sorgen Sie dafür, dass Ihr älteres Kind einen eigenen Rückzugsbereich hat. Es macht keinen Spaß, wenn die Zwillinge als „Kaputtmacher" im Teamwork unterwegs sind und Ihr älteres Kind immer wieder miterleben muss, dass die Zwillinge seine schönen Legobauten oder mühsam aufgebauten Playmobil-Welten zerstören. Das ist frustrierend.

Spezial-Lektüre für Spezial-Probleme

Sigrund Eder ist Hauptautorin der Buchreihe SOWAS! aus dem Salzburger Verlag Edition Riedenburg. Im Buch „Nasses Bett" geht es um Kinder, die nachts einnässen. In anderen Büchern („Volle Hose") geht es um's Einkoten. Endlich wird hier über die Dinge gesprochen/geschrieben, über die sonst nur hinter vorgehaltener Hand getuschelt wird.
Und genau darum geht es: Eltern und Kinder müssen sich trauen, ohne falsche Scham über diese Themen zu sprechen und sich Hilfe zu holen, wenn nötig.

Sigrund Eder, „Nasses Bett", Edition Riedenburg, ISBN 978-3-9022647-42-9, 19,90 Euro.

- Versuchen Sie, Streit unter den Geschwistern möglichst ohne Tätlichkeiten beizulegen. Das heißt, das ältere Kind soll die Kleinen nicht hauen.

- Aber auch die Zwillinge dürfen das ältere Geschwisterchen nicht hauen, zwicken oder beißen.

- Es könnte Zeiten geben, da die Zwillinge ihren „Babybonus" ausspielen. Auch das ist frustrierend für Ihr älteres Kind, wenn die Zwillinge „immer alles dürfen" und das ältere Kind piesacken, dafür aber nicht zur Rechenschaft gezogen werden. Schaffen Sie den „Babybonus" also rechtzeitig ab!

- Erwarten Sie nicht immer, dass Ihr älteres Kind, Vorbild ist für die kleinen Zwillinge.

- Erwarten Sie auch nicht, dass Ihr älteres Kind ein „guter Aufpasser" für die kleinen Zwillinge ist. Sie überfordern damit Ihr Kind. Lassen Sie die drei niemals allein baden - zum Beispiel. Auch andere Situationen können Ihr älteres Kind überfordern, wenn es auf die Zwillinge aufpassen soll - vielleicht nur mal kurz, bis Sie aus dem Laden kommen, wo Sie „nur mal schnell" was einkaufen wollten.

- Bedenken Sie auch, dass die Zwillinge - vor allem, wenn sie eineiige Zwillinge sind und somit von vornherein eine besondere, intensivere Beziehung zueinander haben - das ältere Kind aus dem gemeinsamen Spiel ausschließen können. Auch das ist eine sehr frustrierende Situation in so einem Kinderleben.

- Auch wechselnde Koalitionen zwischen den Geschwistern sind denkbar. Auch das kann zu Tränen führen, weil sich eines der Kinder zurückgesetzt fühlt.

- Soll jeder Streit vermieden werden? Nein, natürlich nicht. Streit und Auseinandersetzung gehören zum Geschwisteralltag dazu. Auch die Zwillinge müssen sich streiten können - für sie kann es eine Möglichkeit sein, sich selbst zu finden. Und auch für Ihr älteres Kind sind Auseinandersetzungen mit den Geschwistern nichts anderes, als ein Mittel, seinen Platz in der Familie zu finden.

Wenn Ihr älteres Kind bereits „älter“ ist

In diesem Büchlein sind wir bisher immer davon ausgegangen, dass Sie die Zwillinge bekommen, wenn Ihr älteres Kind noch klein ist. Doch was, wenn Sie ein Kind von – sagen wir mal – zehn, zwölf Jahren haben? Ist es dann einfacher? Kommt es dann zu weniger Eifersucht? Oder können Sie sogar auf die Hilfe dieses Kindes zählen, wenn es um die Versorgung der Zwillinge geht?

Ganz sicher ist, dass diese Konstellation problemloser sein kann. Andererseits hat auch ein Kind in diesem Alter eigene Bedürfnisse, und die wollen ebenso beachtet werden. Es ist also auch in diesem Fall wichtig, dass Sie Ihr älteres Kind nicht vergessen und schon gar nicht als ständige Hilfskraft „missbrauchen“. Mithilfe gerne – aber niemals unter Zwang.

Lassen Sie die Theorie hinter sich und schauen Sie mal, wie andere Zwillingsfamilien diese Herausforderung erlebt haben. Wir haben ganz verschiedene Familiengeschichten, die zunächst in der Zeitschrift ZWILLINGE veröffentlich worden sind, für Sie zusammengestellt.

Erfahrungsberichte aus Zwillingsfamilien

Mein Leben mit Zwillingsschwestern – Zwillingsmutter Dagmar Kuehn lässt Linnea erzählen, wie das damals mit Mailin und Noreen war.

Ich heiße Linnea und bin sechs Jahre alt. Die ersten anderthalb Jahre meines Lebens waren bilderbuchartig. Ich war ein friedliches, liebes, schlafbedürftiges Baby und machte der ganzen Familie viel Freude. Dann bekam Mama einen dicken Bauch und alles wurde anders. Zwillinge wollten sich in unser beschauliches Leben einmischen. Das bedeutete Mama war immer müde und unser Reihenhaus musste um- und angebaut werden.
Im Sommer war Mama dann für 8 Wochen in der Klinik, weil die Babys zu früh aus dem Bauch wollten. Naja, ich habe Mama zwar vermisst, wurde aber von Papa, Oma und Opa gut versorgt und durfte meine Mama jeden Nachmittag besuchen.
Im September wurden meine eineiigen Zwillingsschwestern Mailin und Noreen geboren. 5 Wochen zu früh und so klein wie meine Puppe. Aber nach 2,5 Wochen hatte ich meine Mama wieder zu Hause und zwei Schwestern dazu. Gut, das Papa die ersten Wochen Urlaub hatte, sonst hätten wir Mädels es nicht geschafft. Mama pumpte die Milch ab, um sie dann an Mailin und Noreen mühsam zu verfüttern, da sie zum Trinken sehr schwach, oder wie ich vermute,

zu faul waren. Natürlich auch nachts. Die ersten Nächte musste ich auch mit aufstehen, ich musste ja wissen, was da passiert. Aber dann fand ich das Schlafen doch wichtiger.
Langsam gewöhnten wir uns an das Familienleben zu dritt. Etwas Aufmerksamkeit und Spielzeit mit Mama wollte ich nun auch mal haben. Ich habe aber auch viel mitgeholfen und mich auch alleine beschäftigt. Unser Leben spielte sich ja auf dem Fußboden ab. Wenn Mama Mailin und Noreen die Flasche gegeben hat, hatte sie keine Hand frei für mich, aber ich konnte neben ihr sitzen, meine Puppe versorgen (zeitweise auch zwei Puppen gleichzeitig, wie eine echte Zwillingsmama) oder auch mal ein Buch ansehen.
Leider waren meine Schwestern sehr laut und haben sehr viel geschrieen. Meistens war der Grund für mich nicht erkennbar, aber schon früh wollten sie immer das Spielzeug haben, was der andere hatte, auch wenn es doppelt vorhanden war. Mama hat uns dreien recht zügig den gleichen Tagesrhythmus beigebracht, so dass wir zur selben Zeit Mittagsruhe gehalten haben und auch abends dann Ruhe war. Ich wurde in der Zeit sehr selbständig, brauchte keine Windeln mehr (gewickelt wurde eh nur auf dem Fußboden) und konnte mich alleine an- und ausziehen. Ab und zu brauchte ich zwar ein paar mehr Kuscheleinheiten, aber Mama hatte für uns alle Zeit (alles andere blieb liegen), so dass ich mich über meine Geschwister auch freute und mich viel mit ihnen beschäftigte.
Nur Trennungen von Mama habe ich nicht gemocht und habe geweint, wenn ich zum Spielen bei anderen Kindern bleiben sollte und später zum Kindergarten gehen musste.
Einmal in der Woche haben wir Oma-Tag. Dann geht einer von uns (immer schön abwechselnd, ganz wichtig!) zu Oma und kann dort die volle Aufmerksamkeit genießen. An solchen Tagen sagt Mama dann: Wo ist das Problem mit zwei Kindern? Zwei Kinder sind wie Urlaub, egal in welcher Zusammenstellung.
Wie bereits angesprochen, das Schreien war und ist unser Problem. Nachdem das Schreien unser ganzen Familienleben belastete und weitere gesundheitliche Probleme hinzukamen, waren wir zusammen zur Kur. Es war eine Auszeit vom Alltag, zum Durchatmen und Nachdenken über die letzten drei Jahre.
Inzwischen ist es etwas ruhiger geworden. Seit Mailin und Noreen das große Zimmer mit zwei halbhohen Hochbetten bekommen haben, schlafen sie nun endlich ohne vier- bis fünfmal aufzuwachen und zu rufen. Das mit den Hochbetten war eine tolle Idee. Jeder hat unter dem Bett sein eigenes Reich und es gibt kein Gezanke, wer oben und unten schläft.
Und seit einem Jahr gehen sie zur Sprachtherapie. Nun können alle sie verstehen und sie sind zufriedener. Ich habe sie ja verstanden, aber Mama und Papa und alle anderen nicht immer. Tja, geschrieen wird zwar noch immer, aber nur wenn wir uns streiten, uns anziehen sollen, es nicht nach unserem Willen oder schnell genug geht oder ... Einer von uns findet immer einen Grund.

Linnea - hier mit ihren Schwestern Mailin und Noreen - kommt inzwischen gut klar mit der Situation. Die drei Schwestern spielen inzwischen zusammen - wie unser schönes Titelbild zeigt.

Mailin und Noreen sind sich sehr ähnlich. Zwar haben Mama und Papa es ganz gut im Griff gehabt, Mailin hatte immer was blaues, Noreen immer was rotes (dann bleib für mich nur gelb oder grün übrig - zum Beispiel bei Trinkbechern). Ich kann sie auch ohne „Farbhinweis" immer auseinanderhalten. Dieselben Sachen haben sie ja kaum im Kleiderschrank, weil sie ja meine Sachen bekommen. Trotzdem können viele die beiden nicht auseinander halten. Im Kindergarten mussten sie immer ein blaues und rotes Haargummi haben, aber inzwischen sind sie so schlau, dass sie auch mal untereinander tauschen. Oft werden wir aber auch gefragt, ob wir Drillinge sind (ich bin nämlich nur zehn Zentimeter größer). Auch vom Verhalten und von der Art und Weise sind sie sich sehr ähnlich. An einem Tag die so, die so und am anderen Tag umgekehrt.
Zwillingsschwestern zu haben, ist nicht immer einfach, aber manchmal auch praktisch. Ich, als die Große, kann bestimmen, wer von ihnen mit mir in meinem Zimmer spielen darf. Und wenn es dann nicht so klappt, mache ich die Tür auf, sage zur einen: Du bist nicht mehr meine Freundin und frage die andere, ob sie mit mir spielen will. Nr. 3 ist dann traurig, aber Nr. 2 freut sich und ich kann einfach weitermachen.
Mama und Papa sind nicht glücklich über mein Verhalten, aber was sollen sie machen?! Zu dritt spielen klappt auch mal ganz gut, schließlich sind wir nun alle soweit, dass wir Fahrrad fahren können, Puppen versorgen, usw. Aber bei dreien ist doch meistens eine zu viel und macht dann Ärger. Allerdings bin ich immer ziemlich geknickt, wenn Mailin und Noreen zusammen spielen und ich nicht mitmachen darf. Oder wenn sie zusammen in einem Zimmer

abends noch quatschen können (wobei ich die Ruhe in meinem Zimmer genieße). Und wenn ich Besuch bekomme, wollen Mailin und Noreen auch mitspielen, nicht nur dass das nervt, es ist dann auch alles viel zu eng und zu laut. Spielen wir bei anderen Kindern (natürlich schön verteilt), ist das Mama-Taxi ziemlich im Stress.
Nun komme ich im Sommer endlich in die Schule. Endlich nicht mehr mit meinen Schwestern im Kindergarten! Ich freue mich schon riesig darauf. Für Mama wird es dann schwierig, gleichzeitig mich zu Hause von der Schule zu erwarten und die Zwillinge vom Kindergarten abzuholen. Tja, es gibt halt immer wieder neue Herausforderungen.
Habe ich noch was vergessen? Ach ja, das Thema Gerechtigkeit! Ich glaube, wir werden nie zufrieden sein. Ich finde es ungerecht, dass ich meine Sachen, insbesondere meine Lieblingssachen, abgeben muss (auch wenn sie mir zu klein sind) und meine Schwestern beklagen sich, dass sie „nie" was neues zum Anziehen bekommen.
Als „Große" muss ich teilen und verzichten. Das ist schwer! Wer darf auf Mamas Schoß sitzen? Wer darf Mama anfassen? Ich jedenfalls (häufig) nicht. Wer muss warten, sich alleine anziehen, vernünftig sein? Ich. Und ich bin doch auch nur 21 Monate älter! (Linnea - niedergeschrieben von Dagmar Kuehn)

Wie wir die kleine Aurora, damals drei, auf ihre Zwillingsgeschwister Ida und Toni vorbereiteten.

Ups, wie sollen wir das unserer Großen nur beibringen: gleich zwei Neuankömmlinge, die unsere Prinzessin doppelt entthronen werden? Nachdem der erste Schreck vorbei und das große Kopfkino angelaufen war (neues Auto? Zwei Kinderzimmer? Wer kann helfen? ...) stand er nun an, der Moment „Wie sagen wir es unserer dreijährigen Tochter?"
Da zu meinem Geburtstag Ende Oktober sowieso die ganze Verwandschaft erwartet wurde, war der Zeitpunkt der Bekanntgabe meiner Schwangerschaft schon vorgegeben. Ich hätte sie gerne noch länger für mich behalten, da wir aber weit weg wohnen, würden wir nicht bis Weihnachten warten können, da wäre ich dann im fünften Monat. Ein so langes Geheimhalten würden mir meine Mutter und meine Schwester nie verzeihen. Und da ich sie life vor mir haben wollte und sie es nicht am Telefon erfahren sollten, musste es am 27.10. sein.
Also mussten wir Aurora kurz vorm großen Verwandtenbesuch informieren. Sie sollte auf jeden Fall die Erste sein, die von den Babys erfährt. Das war dann aber erst einmal ganz unspektakulär. Klar, Mamas Bauch ist ja dick (auch ohne Schwangerschaft schon), „klar, da kommen dann bald zwei Babys rausgeschlüpft". Auroras großes Interesse galt mehr dem Zeitpunkt als der Tatsache (erst kommt das Christkind, dann der Osterhase und dann kommen bald die Babys, alles klar ...) Nun galt es, die vielen Wochen bis zur Geburt gut zu nutzen, um unsere Große möglichst behutsam vorzubereiten und zu stärken. Viele Dinge haben wir uns überlegt

oder haben sich ergeben. Aurora war es, die als Erste davon erfuhr. Sätze wie „das wissen nur Mama, Papa und Du" und „das ist erstmal unser Geheimnis bis zu Mamas Geburtstag" haben Aurora sehr gefallen. Aurora durfte es der Verwandschaft sagen. Es war ganz drollig: „Bei der Mama schlüpfen bald zwei Babys raus!" - entsetzte Gesichter- haben wir da was falsch verstanden? „Nein, sie hat Recht, wir bekommen Zwillinge". Mit den nicht gerade angemessenen Reaktionen wie „Oh Gott, in was für ein Loch fällst Du dann!" (es wurde fest davon ausgegangen, dass ich die Kinder verliere) oder nach dem angesprochenen „drei-Kindersitze-in-einem-Toyota-Corolla-Problem" der Satz meiner Schwiegermutter mit einem erleichterten Grinsen ob der Lösung für dieses Problem: „Vielleicht wird es ja nur eins!" oder wie mein Opa sagte „eins habt ihr gewollt, jetzt müsst ihr das zweite halt noch dazunehmen" konnte Aurora wenig anfangen und ging etwas verwirrt in ihr Zimmer.
In der nächsten Zeit bemühten wir uns, ihr das Besondere - gleich ZWEI - als etwas Positives herauszustellen. Sie ist mittlerweile gerade darauf sehr stolz. Ein Kurs beim Haus der Familie „Ich bekomme ein Geschwisterchen" wurde mit der Mama besucht. Die Leiterin hatte lebensechte Puppen dabei, mit denen wir wickeln, baden und halten üben durften.

Die größte Aufgabe sahen wir in der ganz langsamen Umgestaltung unserer Wohnung. Es wurde sukzessive die Ankunft der Zwillinge vorbereitet. Jede Woche veränderte sich ein

„Guck mal, der Toni freut sich, wenn Du Faxen machst" ... Aurora war drei als ihre Zwillingsgeschwister Ida und Toni geboren wurden. Ihre Eltern sorgten dafür, dass sie sich wichtig fühlte.

Detail, zum Beispiel fingen wir an, im Esszimmer zu essen. Auroras grüner TrippTrapp wanderte also von der Küche ins Esszimmer. Als sie dies „verdaut" hatte, wurde alle paar Tage ein Stuhl in der Küche entfernt. Der Küchentisch stand noch mehrere Monate bis er auch auf den Speicher kam. Dann galt es, sich an die leere Küche zu gewöhnen. Kurz vor der Geburt durfte Aurora dann mithelfen, den Laufstall aufzubauen, der seinen Platz an dem leeren Platz in der Küche fand. So sind wir mit sehr vielen Möbeln verfahren. Das Esszimmer wurde umgerückt, aber sehr langsam und in kleinen Schritten. Wir konnten immer genau merken, wann eine Veränderung akzeptiert war, Kinder vergessen ja Gott sei Dank schnell.
Dann stellte sich die Frage nach mehr Betreuungspersonen. Auroras Babysitterin Jessica brachte schon weit im Vorfeld der Geburt eine Freundin mit. Aurora konnte sich sehr gut an sie gewöhnen. Erst kamen die Mädchen zusammen, dann auch einzeln für Aurora, heute auch beide gemeinsam für alle drei Kinder.
Bei allen Zwillingsbesorgungen war Aurora natürlich dabei und hat auch in den Geschäften positive Beachtung erfahren: „Mensch, dann wirst Du ja eine große Schwester etc." Wir haben Aurora auf ein Leben als „große Schwester" vorbereitet. Wir haben sie ermutigt, den Leuten von den Babys zu erzählen, dies stärkte ihren Stolz ("Ich bekomme ein Geschwisterchen und ein Brüderchen"). Auch die Erzieherinnen im Kindergarten wussten sehr früh von meiner Schwangerschaft, damit sie auf Aurora entsprechend reagieren konnten.
Wir haben zusammen Stillkissen genäht, mit denen sie Schiffe bauen und spielen durfte. Auch haben wir Babykleidung mit ihr zusammen sortiert und ihr gezeigt, dass sie auch mal so klein war. Ganz gezielt wurde ihre Selbständigkeit im Haushalt vorangetrieben (alleine anziehen, Zähneputzen usw.), was sich jetzt sehr bewährt hat. Sie hat eigene Aufgaben im Haushalt bekommen, die unserer Entlastung dienen („das ist Kinderarbeit"). Man kann sie jetzt gleichzeitig beschäftigen. Während ich zum Beispiel noch die Zwillinge stille, deckt Aurora alleine den Tisch weiter, füllt Klopapier nach oder geht in den Flur, Sprudel holen.
Wir haben viel über familiäre Beziehungen gesprochen, die bis dahin kein Thema waren: zum Beispiel „die Oma hat auch eine große Schwester". Daraufhin wollte sie auch unbedingt Geschwister haben. Die Entwicklung der Babys und die Schwangerschaft wurden ausführlich mit einem Pop-Up-Buch („Facts of Human Life") besprochen. Zu Ostern gab es das großformatige Connybuch „Conny bekommt ein Geschwisterchen". Sie durfte natürlich meinen Bauch fühlen, ist auf jedem Bauchfoto dabei und ging auch in der Spätschwangerschaft mal mit zum Frauenarzt zum Ultraschall. Dies war sehr eindrucksvoll für sie.
Wir haben versucht, sie realistisch vorzubereiten und nicht gesagt: „Dann hast du neue Spielkameraden und kannst denen die Flasche geben ...", sondern haben geschildert, dass die Babys erst einmal nur schlafen und trinken und gewickelt werden, das ist eben die anstrengende Arbeit der Babys. Wir haben uns sogar getraut, ihr zu erklären, dass die Babys schwach

sind und uns noch mehr brauchen als sie. Das hat sie akzeptiert. Wir haben sie unabsichtlich (durch lange Liegezeiten der Mama in der Schwangerschaft) daran gewöhnt, mehr mit dem Papa zu machen.
Als der Anruf nach der Entbindung aus dem Krankenhaus kam, waren Oma und Opa bei ihr in unserer Wohnung (wie auch im Connybuch). Aurora wurde ans Telefon geholt und Papa verriet ihr als erster die Namen der Babys, die sie dann den Großeltern weitersagen konnte. Wir haben ihr, obwohl erst dreijährig, am ersten Besuchstag die Babys in den Arm gelegt und haben sie machen lassen. Und obwohl es uns schwer fiel, haben wir nicht ängstlich reagiert oder eingegriffen, um ihr auf keinen Fall das Gefühl zu geben, irgendetwas mit den Babys falsch zu machen. Die Babys hatten ihr ein Geschenk „mitgebracht": zwei Monchichis als Zwillingspärchen. Später zu Hause gab es noch einen Zwillingspuppenbuggy dazu. Die Monchichis wurden zuerst abgelehnt, mittlerweile spielt sie aber Zwillingsmama damit.
Nach unserer Heimkehr durfte Aurora eine ganze Woche vom Kindergarten daheim bleiben, obwohl das eine große Belastung für uns war. Dies war aber für sie ganz wichtig, um zu merken, dass sie zu Hause nichts verpasst.
Verwandte und Freunde haben wir natürlich aufgefordert, Aurora zu beachten. Sie darf immer die Tür aufmachen: Am Drücker fragen, wer da ist und die Gäste an der Tür empfangen, was automatisch zur Folge hat, dass sich Besuch erst mit ihr befassen musste und nicht gleich in Babyentzückungsrufen und Babyhalte- und Fotografierforderungen aufgehen konnte.
Bei den vielen Geschenken war fast immer auch sehr liebevoll an Aurora gedacht worden. Dafür sind wir unseren Freunden und Verwandten sehr dankbar! Oft gab es Klamotten für die Kleinen und ein Buch und/oder Süßigkeiten für Aurora. Da reicht ja sogar schon ein Pixibuch für 1 €.
Aurora zeigt den Zwillingen ihre Welt. Wir fordern sie auch mit Sätzen dazu auf, wie zum Beispiel „Der Toni möchte gucken, wie du Fahrrad ohne Stützräder fährst" und heben die Dinge heraus, die nur sie kann oder darf: Fahrradfahren, Eis oder Süßigkeiten essen.
Wir haben mit ihr zusammen eine Schatzkiste angelegt, in die ihre ersten Schuhe, ihre erste Strumpfhose, Babyalbum und Fotos reinkamen. (Dies hatte ich bisher alles auf ihrem Schrank ziemlich wahllos gesammelt, jetzt wurde es aber konkret von ihr wahrgenommen beim Reintun in „ihre Schatzkiste"). Immer wieder sprachen wir mit ihr über die Zeit als sie ein Baby war.
Sie durfte im Sommer mehrfach für einige Tage alleine zu Oma und Opa, wo sie sich gut auskennt und wohlfühlt. Dort hat sich die Welt für sie nicht verändert. Das erleichterte den Übergang und verschaffte ihr Erholung von der neuen Situation. Wir versuchen, ihr besondere Aufmerksamkeit zu geben, in dem sie Zeit nur mit Mama und/oder Papa verbringen darf: Schuhe kaufen, auf den Rummel, Wander- und Fahrradtour, einkaufen, Klavierunterricht, Schwimmkurs ... Wir hoffen, dass unsere Mühe, sie behutsam auf unsere neue Familienkonstellation vorzubereiten, Früchte tragen wird. (Silvia und Roman Schmid)

Catharina war 3,5 Jahre alt, als sie doppelt entmachtet wurde: von ihren Brüdern Ben und Tom.

Als wir Großen die Nachricht für uns verdaut hatten, haben wir langsam versucht, unserer Tochter Catharina klarzumachen, dass in Mamas Bauch nicht ein, sondern zwei Babys heranwachsen. Sie fand das zu Anfang ganz toll, sehr interessant, und vor allem war es ein Grund, gegenüber ihren Freundinnen ordentlich anzugeben. „Ihr bekommt ja nur ein Brüderchen, ich ja man gleich zwei ... ätsch!" Meine zwei besten Freundinnen waren zeitgleich schwanger. Ich hatte das große Glück, dass ich eine problemlose Schwangerschaft hatte. Ich musste mich nicht sonderlich schonen und ein Krankenhausaufenthalt war auch nicht nötig, also musste mich meine Tochter nicht entbehren. Aber es ging ihr zeitweise ganz gewaltig auf den Keks, dass ich sie nicht mehr so auf den Arm nehmen konnte - wegen der Babys.

Wir haben Catharina in jede Entscheidung miteinbezogen. Sie bekam ein schönes, neues Kinderzimmer, die Brüder bekamen ja das „doofe, alte Babyzimmer". Wir haben sie sogar denken lassen, dass sie als zukünftige große Schwester den Kinderwagen ausgesucht hat.

Sorgen machte ich mir nur über die Tatsache, dass Catharina erst ein paar Wochen in den Kindergarten gehen würde, wenn die Babys zur Welt kommen. Wird sie sich abgeschoben fühlen? Mache ich auch ja alles richtig? Kann ich ihr das Gefühl nehmen, plötzlich nicht mehr wichtig zu sein? Zukünftig würde sie mich ja nicht nur teilen, sondern sogar dritteln müssen. Ich machte mir auch Gedanken wie: „Von wem kann ich Hilfe erwarten?" Mein Mann ist stark in den Beruf eingespannt und steht mir somit für die alltäglichen Lasten und Sorgen nur abends nach 20 Uhr zur Verfügung. Wird die kleine Seele das verkraften?

Als die Jungs dann am 1. November zur Welt kamen (in der 38. Woche, 2.875 Gramm/51 Zentimeter und 3.025 Gramm/51 Zentimeter), strahlten Catharinas Augen, denn die Jungs hatten ihr ja was mitgebracht ... eine Spieluhr von Lillifee, die sie sich schon lange gewünscht hatte. Doch die Uhr wurde misstrauisch in Empfang genommen: „Und wie sind die in den Laden gegangen und haben das gekauft?" fragte unser keckes Mädchen und brachte uns Eltern ganz schön in Erklärungsnöte.

Wir haben alle Tipps zu dem Thema beherzigt. Unter anderem:
- bitte erst die große Schwester begrüßen und DANN die Babys;
- ja, auch Catharina bekommt Geschenke, nicht nur die Jungs;
- jaaa, das SIND Zwillinge, aber schauen Sie mal, die beiden haben auch eine große Schwester!!!
- Ja, auch beim Wickeln und Füttern durfte sie helfen.

Ich hatte dann das große Glück, dass sich meine Schwiegermutter sehr eingebracht hat. In der Woche, als ich Krankenhaus war, hat sie sich um Catharina gekümmert, und auch fortan hat sie drei Monate lang Catharina jeden Tag zum Kindergarten gebracht und auch wieder abgeholt, so dass ich dann selbst schon wieder den Wunsch verspürte, endlich wieder im

Catharina liebt ihre Brüder Ben und Tom. Und doch ist es für ein kleines Mädchen nicht leicht, die Mama plötzlich teilen zu müssen.
Dann wurden spezielle „Mutter-Tochter-Tage" eingeführt und natürlich dürfen Ben und Tom nicht einfach so in Catharinas Zimmer, die ein kleines Rückzugsgebiet braucht.

„normalen" Leben meiner Tochter mitzuwirken. Natürlich war ich tagsüber sehr geschafft, denn das nächtliche Füttern ging schon sehr an die Substanz. Zum Glück haben die beiden sich aber einen Tag vor Heiligabend überlegt, nachts doch mal 8 Stunden am Stück zu schlafen. Das war mein schönstes Weihnachtsgeschenk! Bis dahin haben wir viel gekuschelt, denn zum Spielen fehlte mir einfach die Energie. Oft hatte ich deswegen ein schlechtes Gewissen, vor allem, wenn ich meine Freundinnen mit ihren Einlingen anschaute, die es ja bei sehr vielen alltäglichen Sachen um einiges einfacher hatten als ich. Aber ich war sehr stolz auf meine Prachtjungs, so dass ich lächelnd über die Tatsache hinwegsah, öfters zwei Babyschalen durch die Gegend zu tragen und wurde nicht müde, bei jedem bewunderndem Blick zu sagen: „Tja, dann wird wenigstens der Rücken nicht krumm!" Aber ich musste immer öfter zugeben, dass die Vormittage, in denen Catharina im Kindergarten war, einfacher waren. Keiner verlangte ständig nach mir, keiner lief mir ständig vor die Füße und wollte meine ungebremste Aufmerksamkeit. So antwortete ich immer auf die geistreiche Bemerkung der anderen: „Oh Zwillinge ... das ist bestimmt anstrengend, oder?" „Nö, die Zwillinge nicht, aber meine große Tochter dazu ... DAS ist anstrengend!" und hatte prompt immer ein schlechtes Gewissen, weil ich so etwas sagte.
Nach einem halben Jahr kam dann hinzu, dass Catharina begann, am Tag einzunässen. Logischerweise habe ich das sofort auf die Möglichkeit bezogen: Ich vernachlässige mein Kind! Körperliche Ursachen habe ich vom Kinderarzt ausschließen lassen.

Ich war echt bedrückt ... was mache ich nur falsch ...? Was kann ich besser machen? Der Kindergarten versicherte mir, dass sie vor Ort ganz normal sei. Sie schwärme jeden Tag von Ben und Tom, sage immer, wie lieb sie die beiden hätte ... Nein, sie könnten keine Veränderung feststellen.
Also haben wir den sogenannten „Mutter/Tochter-Tag" eingeführt. Regelmäßig alle paar Wochen fahren wir zum Schwimmen, in den Zoo, gehen shoppen, Eis essen, was auch immer. Immer nur Catharina und ich, keine Jungs. Abends bin ausschließlich ich für sie zuständig, wir kuscheln, ich lese Catharina ein Buch vor und wir erzählen uns den Tag noch einmal. So erfahre ich auch manchmal, wie sehr ihre mittlerweile schon mobilen Brüder sie doch nerven, und wie sehr sie es genießt, wenn die Oma einmal in der Woche auf die beiden aufpasst und wir alleine zum Schwimmkurs gehen können. Ich sage ihr immer, wie sehr ich das nachempfinden kann, bin ich doch auch große Schwester eines nervenden kleinen Bruders.
Wichtig ist auch die Tatsache, dass Ben und Tom keinen Zutritt zu Catharinas Zimmer haben. Für uns sind die wahren Gründe umherfliegende Barbieschuhe und Bügelperlen, ihr sagen wir jedoch immer, dass sie nicht hinein dürfen, weil das ja ausschließlich ihr Zimmer ist.
Was ich meiner kleinen Tochter hoch anrechnen muss, ist, dass sie nie zurückschubst und die beiden auch niemals haut. So kleine Jungs sind halt doch echte Grobmotoriker, das heißt, sie gehen nicht gerade zimperlich mit ihr um, wenn sie etwas wollen oder wenn es Streit gibt. Klar weint sie dann oder schimpft auch schon mal mit den beiden (was sie auch darf), aber sie wird nie gewalttätig. Ich nehme sie deswegen oft in den Arm und lobe sie dafür. (Waltraud W.)

Ein Kind und dann Zwillinge - Ole ist erst zwei, als er zwei neue Schwestern bekommt.

Manchmal können wir es einfach nicht beschreiben, was für ein Glück wir haben drei gesunde Kinder zu haben. Wir, das sind mein Mann Michel und ich, sind im März 2010 glückliche Eltern von Ole geworden und haben im Juli 2011 erfahren, dass nach einer künstlichen Befruchtung nun Zwillinge kommen. Nach einem kurzen Schock, ob wir das alles schaffen, waren wir stets positiv eingestellt und freuten uns von da an unendlich auf eine neue Herausforderung und Aufgabe.
Es kamen allerdings im Laufe der Schwangerschaft auch immer wieder Fragen auf:
- Wie macht man das mit dem „Großen", der dann gerade erst zwei ist?
- Wie bereitet man ihn richtig vor? Für größere Geschwister gibt es in manchen Kliniken ja einen Geschwisterkurs, bei dem die Kinder von Hebammen und Kinderkrankenschwestern kindgerecht und spielerisch darauf vorbereitet werden. Aber das geht erst für Kinder ab drei Jahren.
- Wird man ihm noch gerecht?

- Wird er eifersüchtig sein?
- Wie wird er überhaupt reagieren?

Fragen über Fragen, die man dann doch erst beantworten kann, wenn die Zwillinge da sind. Wir haben Ole zu seinem zweiten Geburtstag deshalb ein Buch aus der „Wieso, Weshalb, Warum-Junior-Reihe" gekauft. „Mein Baby". Darin wird ganz toll erklärt, wie so eine Schwangerschaft verläuft. Mit kindgerechten, tollen Bildern, Text zum Vorlesen und Aufklapplaschen. Eine Lasche zeigt zum Beispiel ein Ultraschall-Bild und wenn man es aufklappt, steht da: „Und manchmal werden es Zwillinge." Total süß gemacht.

Meinen Bauch durfte Ole immer streicheln, wenn er wollte und ich hab` ihm oft erklärt, dass darin zwei Babys wachsen. Ich habe ihn viel miteinbezogen, hab` auch mal gesagt, dass man nicht so doll drücken darf oder ich müde bin.

Ole ist mit allem ein bisschen hinten dran, ist spät gekrabbelt, spät gelaufen und er redet auch noch nicht. Aber er versteht alles und war immer interessiert.

Er hat mir das Buch oft gebracht und dann hab ich ihm vorgelesen, solange er wollte. Auch jetzt noch schauen wir es immer wieder an. Und wenn ich frage: „Wo sind die Babys aus Mamas Bauch jetzt?", zeigt er auf sie.

Jetzt sind unsere Mädchen Leni und Maja, vier Monate alt und ich muss sagen, wir haben

Ole spricht noch nicht viel. Wird er verstehen, dass seine beiden Schwestern mehr Aufmerksamkeit brauchen und die Mama ihn trotzdem noch genauso lieb hat? Bis jetzt ist Ole ganz lieb zu Leni und Maja.

bisher großes Glück. Ole ist bisher weder eifersüchtig noch grob zu den Kleinen. Vielleicht kommt die Eifersucht noch? Im Gegenteil: Ole war von Anfang an ein richtig stolzer Bruder, durfte sie von Anfang an drücken, küssen, in den Arm nehmen und auch mal alleine halten. Natürlich immer unter unserer Aufsicht. Wir haben ihn nie von den Kleinen weggezogen, wenn er mal zu fest gedrückt hat, sondern haben ihm erklärt, dass man vorsichtig sein muss.
Nun möchte er sich immer mal wieder in die Wippe legen, darf er dann auch, wenn niemand drin liegt und er wollte auch wieder an die Brust. Er schaute immer so neidisch und ich fragte ihn, ob er auch an der Brust trinken will. Er nickte und ich ließ ihn dann ran. Doch er saugte nicht. Es kam also nichts für ihn und so erklärte ich ihm, dass Kinder, die schon Zähne haben wie er, nicht mehr an der Brust trinken.
Wenn wir mal ein Fläschchen dazu gegeben haben, wollte er auch probieren. Aber Ole ist ohne Flasche groß geworden und so kannte er die Milch aus der Flasche gar nicht. Er probierte ganz kurz, aber es schmeckte ihm nicht. Das Thema war also auch durch.
Er findet seine Schwestern richtig toll und wir versuchen ihm so oft und gut es geht, zu sagen und ihm das Gefühl zu geben, dass er das auch richtig gut macht. Wir loben ihn und nehmen uns auch mal Zeit nur für ihn.
Ich habe das große Glück, die beste Schwiegermutter der Welt zu haben, die auch noch im selben Haus wohnt. Sie hilft mir viel, ist immer für mich da und so ist Ole oft bei ihr. Das gefällt ihm natürlich sehr und tut ihm sicher auch gut.
Seit neuestem spielt er nun mit Puppen, gibt ihnen das Fläschchen, wickelt sie usw. Sicher, weil er das so bei mir sieht, wie ich die Mädchen versorge. Total süß. (Desiree Kromer)

Der Babystatus für Susanna und Stefanie muss aufgehoben werden. Es gelten die gleichen Regeln wie für Florian.

Die Rolle meines viereinhalbjährigen Sohnes und die Beziehung zu seinen fast zweijährigen Schwestern ist für mich das wichtigste „Zwillingsthema" und die größte und anstrengendste Aufgabe in meinem bisherigen Leben. Habe ich nur meine eineiigen Mädchen zu Hause, weil der „Große" einen Oma-Tag verbringt, ist der Alltag total entspannt, vor allem weil sie noch einen Mittagsschlaf halten.
Mein Sohn ist ein ruhiges, sensibles Kerlchen, das man aufgrund seiner sehr guten Sprachfertigkeiten und seiner Größe oft für älter und weiter entwickelt hält, als er tatsächlich ist. Florian litt bereits unter der Schwangerschaft, die mit monatelangem Liegen, wochenlangen Klinikaufenthalten und einer Frühgeburt usw. verbunden war. Der Arme musste seine Mami bereits früher entbehren als uns das lieb war. Wir haben ihn in dieser Zeit in die KITA eingewöhnt und sonst kümmerten sich die Omas ausgiebig um ihn, auch in den ersten Monaten nach der Geburt der Zwillinge.

Von Florian, dem nur zweieinhalb Jahre älteren Bruder, wird erwartet, dass er verständig ist. Aber kann ein viereinhalbjähriger wirklich Vorbild sein und ist er nicht ein bisschen zu jung, um schon Rücksicht zu nehmen und seinen Schwestern den Vortritt zu lassen? Jetzt wird der Sonderstatus „Baby", der für die Zwillinge galt, abgeschafft.

Im Nachhinein bin ich mir nicht mehr sicher, ob das gut war und ob er sich nicht doch trotz der ganzen Fürsorge abgeschoben fühlte. Für mich persönlich war es sicher besser, aber für ihn?
Er hat die Mädels immer als zur Familie gehörig toleriert, sie nie gepiesackt oder sich sonst aggressiv gezeigt. Ansonsten zieht er alle Register, um Mamis Aufmerksamkeit auf sich zu lenken, auch die in Ratgebern sogenannte negative Aufmerksamkeit, wie die Eltern provozieren, stänkern, drohen, schlagen, nachdem das Ablenken von den Babys nicht funktionierte.
Zur Geburt und in der Anfangszeit haben die Verwandten und Bekannten ihm noch immer ein tolles Geschwister-Geschenk mitgebracht und alle haben darauf geachtet, ihn auch zu begrüßen. Das ist jetzt nicht mehr so. Wer kann schon eineiigen Mädels widerstehen? Jetzt ist Florian ja schon „groß" und hat sich an die Situation gewöhnt, also muss man ihn auch nicht mehr wahrnehmen, oder?!
Das eigentliche Problem ist: Florian hat seine Schwestern nur selten und ungern in den Arm genommen und er hat sich nie mit ihnen beschäftigt. Er ist ja selbst noch klein und die Schwestern müssen erst größer werden, hieß es immer. „Warte, bis sie eineinhalb sind!", beschwichtigte man mich. Nun sind Susanna und Stefanie fast zwei Jahre alt und es hat sich fast nichts geändert. Sie spielen nicht miteinander. Die Zwillinge haben sich und Florian spielt alleine. Während die Mädchen mittags schlafen, spiele ich mit ihm oder lese ihm vor. Täglich muss ich den Tagesablauf meines Sohnes mit dem meiner Mädels vereinbaren, nur dass die

außer gemeinsamen Mahlzeiten nichts miteinander zu tun haben – eine alltägliche Zerreißprobe. Ich verlange ständig von meinem Großen, dass er vernünftig sein soll. Aber Vorbild zu sein, ist wirklich zu viel des Guten. Mir tut mein Junge immer wieder leid, weil er so viel Rücksicht nehmen muss. Da wäre ich froh, wenn er selbst mal so richtig Kleinkind sein dürfte! Aber ich bin eben auch nur eine Mama und kann mich nicht klonen, also muss der Tag „geordnet" nach klaren Regeln ablaufen.

Ich werde jetzt meine persönliche Sichtweise ändern:

- Florian ist ab sofort nicht mehr der „arme Bub", der unter den Zwillingen zu leiden hat. Er ist eines der drei Kinder und zwar der Größte.
- Die Zwillinge bekommen ab ihrem zweiten Geburtstag keinen Babystatus mehr eingeräumt und müssen sich nun auch mal an Regeln halten, an die gleichen wie Florian.
- Natürlich sind die Kleinen „pflegeintensiver", aber nun werde ich mir auch mal für Florian Zeit nehmen (zum Beispiel vorlesen), während die Mädels wach sind.
- Jeder kleine Ansatz von gemeinsamen Spiel wird gelobt, jedes Bussi, jedes in Arm nehmen.
- Auch die Schwestern (oder eine der beiden) müssen sich falls nötig „in die Ecke stellen und nachdenken".

So, jetzt hab ich nicht nur gejammert, sondern auch gleich ein paar Lösungsansätze aufgezeigt. (Melanie Funk)

PS. Unsere Situation hat sich jetzt total geändert, was – wie ich glaube – aber nicht an meinen Erziehungsmethoden liegt. Florian und die Mädels spielen, seitdem die Zwillinge drei Jahre alt sind, oft miteinander. Sie machen alles, was Spaß macht. Man könnte auch sagen, sie stellen ständig Unfug an und machen nur Quatsch. „Bis wieder einer weint." So endet meist das Fangen oder Versteck spielen, sich gegenseitig die Sachen wegnehmen usw. Florian versteht es jetzt aber auch (er ist sechs Jahre alt), die Mädels zu einem von ihm favorisierten Spiel zu verleiten, sie zu überzeugen oder sie eben auch anzustiften.
Ihn ständig von seinen Schwestern zu trennen (länger in der KITA bleiben, einen Omatag einlegen, mit Mama/Papa alleine was machen), war und ist auf Dauer nicht das Richtige. Er musste den Zwillingen auch „ausgesetzt" sein und sich mit ihnen zusammenraufen. Alltag ist nun mal Alltag. Ein gemeinsamer Familienurlaub schweißt ebenfalls zusammen.
Sie verstehen sich nun endlich als Geschwister und so verhalten sie sich auch, gegenüber Verwandten, Freunden und Bekannten. Drei Jahre hat es gedauert. Ende gut, alles gut: Gottseidank!

Die Zwillinge Hanna Lena und Jana Ina von Andrea Clasen sind 2 Jahre alt, als der Beitrag geschrieben wurde. Der große Bruder Daniel ist 16.

Zur Zeit mache ich wirklich immer wieder einen Spagat zwischen Kleinkinderziehung und Teenagererziehung. Es ist nicht so einfach, wie man sich das vorstellt. Denn die Launen zweier Kleinkinder und die Launen eines Teenagers sind manchmal wirklich nur schwer zu ertragen. Auch wenn ich vor etlichen Jahren mal eine Erzieherausbildung genossen habe, stehe ich immer wieder vor Hürden, die ich meistern muss.

Zur Geschwisterbeziehung kann ich folgendes sagen: Unsere Zwillinge lieben ihren großen Bruder über alles. Er ist halt der Knuddelbär, mit dem man alles machen kann und von dem man auch alles bekommt. So musste ich irgendwann feststellen, dass meine Kinder Gummibärchen essen ... Von wem sie die wohl hatten? Der große Bruder weiß genau, wie er „seine Mäuse" um den Finger wickelt und mit was er sie bei Laune halten kann. Morgens beim Frühstück gibts natürlich eine extra große Scheibe Fleischwurst vom großen Bruder. Es ist wirklich schön zu sehen, wie er mit den Kindern umgeht, auch wenn er mir manchmal Sorgen macht, aber letztendlich bin ich mächtig stolz auf ihn und sehr dankbar für seine große Hilfe, die nun wirklich nicht selbstverständlich ist. Wenn ich ihn brauche, springt er manchmal gerne, manchmal nicht so gerne ein – je nach Laune eben.

Aber letztendlich möchte auch er seine beiden zwei Mädels auf keinen Fall mehr missen. Als die Kinder vor einigen Wochen mal bei der Oma geschlafen haben und wir morgens am Frühstückstisch saßen, meinte er nur: „Ganz schön langweilig und ruhig hier ohne die wilden

Zwei ganz unterschiedliche Lebensstadien: Hier der große Bruder auf dem Sprung zum Erwachsen werden - da die kleinen Zwillinge, die ganz andere Bedürfnisse haben. Schön, dass Daniel seiner Mama Andrea auch mal helfen kann, wenn „Not am Mann" ist. Natürlich darf man nicht immer darauf hoffen, dass ältere Geschwister als Hilfskräfte oder Aufpasser zur Verfügung stehen.

Hühner." Ich finde, das ist doch ein Zeichen, dass ihm die Zwillinge auch fehlen, wenn sie nicht da sind. Was kann es denn Schöneres geben, als Zwillinge zu haben? (Andrea Clasen)

Manchmal finden Geschwister erst im Erwachsenenalter Worte für die doppelte Entthronung durch Zwillinge. Tanja ist jetzt selbst Zwillingsmutter.
Ich wuchs auf mit einer Mutter, meinem fünf Jahre jüngeren Bruder und meinen beiden sieben Jahre jüngeren Zwillingsschwestern. Mein Bruder war der lang ersehnte Stammhalter, welcher die Ehe hätte retten sollen, und die beiden eineiigen Schwestern die Attraktion in unserem Quartier.
Als Erstgeborene verstand ich schnell, dass meine Mutter jetzt nicht mehr so viel Zeit für mich hatte. Da ich von Natur aus ein eher ruhiges und gutmütiges Kind war, welches sich loyal meiner Mutter gegenüber verhielt, ging das alles bis zu einem bestimmten Zeitpunkt gut. Ich war es auch gewohnt, dass alle die beiden „blonden Engel" sehen wollten. Bei diesen Besuchen erhielten jeweils meine Schwestern ein Geschenk und mein Bruder und ich gingen dabei leer aus. Meine Mutter versuchte, uns jeweils zu erklären, dass die Leute nicht genug Geld hatten, für alle vier etwas zu kaufen. Dieser Verzicht hätte sicherlich nicht so geschmerzt, wenn ich mich mehr be- und auch geachtet gefühlt hätte.
Vielmals habe ich mich bei dieser Art von Besuch in mein Zimmer zurückgezogen. Es gab aber auch Situationen, wo fremde Leute meine Mutter auf die beiden ansprachen und dann nur über die Zwillinge und deren Besonderheiten sprachen. Für meinen Bruder und mich gab es höchstens ein Kopftätscheln oder den Kommentar, dass es doch toll sein musste, solche Schwestern zu haben.
Neidlos muss ich zugestehen, dass meine Schwestern sehr hübsche Kinder waren – und das noch im Doppelpack zu sehen, war etwas ganz Spezielles. Da musste man einfach stehen bleiben. Egal, welches Alter meine Schwestern hatten, viele Nachbarinnen strickten oder häkelten regelmäßig für sie und das in doppelter Ausführung. Es schien mir zeitweise, als sei ein Wettbewerb unter den handarbeitstüchtigen Damen entfacht.
Aber auch meine Mutter war stets darauf bedacht, den beiden Mädchen dasselbe anzuziehen und daher musste alles in doppelter Ausführung her. Es war, als wären die beiden Anziehpuppen, welche jeden Tag noch schöner angezogen werden mussten. Dies zog natürlich die Aufmerksamkeit noch mehr auf die Zwillinge und weg von meinem Bruder und mir.
Zum Glück hatte ich immer ein inniges Verhältnis zu meinem Bruder. Denn er interessierte sich für mich und verteidigte mich auch mal – die beiden anderen hatten ja sich. Meine Schwestern hielten zusammen, unternahmen alles miteinander, hatten dieselben Interessen und Freundinnen und waren auch so unzertrennlich. So kam es, dass ich nie wirklich den Kontakt zu meinen Schwestern gefunden hatte.

Heute – paradoxerweise – bin ich selbst Mutter von Zwillingen. Ich bin sehr glücklich darüber, dass ich ein Mädchen und einen Jungen habe und daher auch weniger zu Vergleichen oder übersteigerten Ansprüchen neige. Bei der Erziehung meiner Kinder achte ich gezielt darauf, dass beide als Individuen wahrgenommen und ihnen der nötige Platz für die Persönlichkeitsentwicklung gegeben wird.
Auch war es mir mit der Geburt meiner beiden klar, dass ich kein weiteres Kind haben wollte. Es scheint mir, dass Zwillinge einen ganz besonderen Draht zueinander haben und wenn man selbst Zwilling ist, finde ich das eine einzigartige Bereicherung fürs Leben. Da sollte man nicht mit einem dritten Kind „dazwischen funken".
Es spielt sicherlich nicht nur der Altersunterschied oder das Geschlecht der Kinder eine Rolle, sondern auch, wie man als Eltern damit umgeht. Zweifelsohne können engagierte Eltern einen wichtigen Beitrag zu einer gelungenen Geschwisterbeziehung beitragen. (Tanja N.)

Unsere Tochter Elisabeth ist unsichtbar seit ihre Zwillingsbrüder da sind. – Wie wenig einfühlsam Außenstehende auf Geschwister von Zwillingen reagieren, zeigt ein Beitrag von Zwillingsmutter Kerstin Müller-Jäckel.

Meine Tochter war dreieinhalb Jahre alt, als ihre Brüder zur Welt kamen. Sie hatte die Schwangerschaft schon mit viel Interesse begleitet und war nun überglücklich, gleich zwei Brüder erhalten zu haben. Aber neben den Geschwistern erhielt sie noch etwas anderes. Etwas, worauf weder sie noch ich, noch mein Mann vorbereitet waren. Etwas völlig Unerwartetes. Es ist eine Eigenschaft, die kommt und geht, ohne dass sie sie oder wir sie steuern können. Meine Tochter wird auf einmal unsichtbar. Nicht etwa, dass sie das will oder Spaß daran hätte, nein, es geschieht einfach.
Aber das Ganze ist noch komplizierter. Es ist nämlich so, dass es nur bei Außenstehenden funktioniert. Wir – innerhalb unserer Familie – nehmen Elisabeth nachwievor wahr.
Es ist nicht zu glauben? Bitte – hier einige Beispiele: Wir gehen spazieren und werden von anderen Spaziergängern angesprochen: ‚Ach, was haben Sie für zwei nette Kinder!' Zwei? Ich hatte doch eben noch drei Kinder oder ist eines davon nicht nett? Ich bin verwirrt und frage nach. Die Dame zeigt auf die Zwillinge und ich erkenne: meine Tochter ist für sie unsichtbar.
Ein anderes Beispiel: Unser Nachbar ist Imker und ich gehe Honig kaufen. Die Kinder begleiten mich. Er, ein durchaus freundlicher älterer Herr, schenkt den Jungs Honigproben. Und meine Tochter? Geht leer aus. Ich verstehe: Sie ist schon wieder unsichtbar.
Auch aus der Verwandtschaft gibt es zahlreiche Beispiele: Wir sind zum mehrtägigen Besuch bei Verwandten. Eine schöne Zeit liegt hinter uns, der Abschied ist da. Meine Schwägerin zaubert zwei Brezeln hervor, gibt sie den Jungs mit den Worten: ‚Damit die Kinder während der Fahrt etwas zu knabbern haben ...' Und meine Tochter? Mal wieder unsichtbar! Und mal

Gibt's das denn, dass erwachsene Menschen so wenig Feingefühl haben, dass sie die ältere Schwester glatt übersehen, bloß weil eineiige Zwillinge geboren werden? Ja - traurig, aber wahr. Das gibt es. Elisabeth hat ihre Brüder trotzdem sehr lieb.

wieder traurig deswegen.
Die Reihe der Beispiele ließe sich beliebig fortsetzen. Die Zwillinge werden bald drei Jahre alt und immer noch passieren uns solche Sachen. Ich will nicht missverstanden werden. Alle Leute aus den vorgenannten Beispielen sind nette Leute und alle waren durchaus ein wenig betroffen, als ich sie auf die Situation aufmerksam machte. Aber es ist nunmal geschehen und meine Tochter ist mittlerweile in solchen Situationen sehr dünnhäutig geworden. Mir wird dadurch immer wieder bewusst, dass nicht nur die Zwillinge in einer besonderen Situation leben. Für ältere Geschwister ist es ebenfalls eine große Aufgabe, sich in dieser Situation zurecht zu finden. Dabei findet man als interessierte Eltern zu diesem Thema recht wenig Information. Wenn über Zwillinge und ihre Familien geschrieben wird, finden ältere Geschwister häufig nicht einmal Erwähnung. Und auch in der Literatur über Geschwister finden Zwillinge häufig gar nicht statt.
Die „Unsichtbarkeit" von älteren Geschwistern ist sicher nicht nur ein Symptom dessen, was passiert, wenn ein älteres Kind gleich doppelt entthront wird. Interessant wäre es, zu erfahren, was die Entwicklungspsychologie dazu sagt.
Jüngere Geschwister haben noch den Babybonus, ältere dagegen stehen mit leeren Händen da. Und bevor jetzt alle aufschreien und sagen, es ist doch Aufgabe der Eltern für Gerechtigkeit zu sorgen, sage ich hier gleich, dass das sicher stimmt. Aber es gibt Situationen, die man auch als Eltern nicht beeinflussen kann.
Trotz allem ist Elisabeth eine überzeugte, sehr fürsorgliche große Schwester. Ich wünsche ihr sehr, dass sie und ihre Brüder in Zukunft als Geschwister und nicht mehr nur als die Zwillinge und die große Schwester der Zwillinge wahrgenommen werden. (Kerstin Müller-Jäckel)

Wohin mit Fabian, wenn die Zwillingsbrüder zu früh geboren werden und noch in der Klinik bleiben müssen?

Als meine Zwillinge Alexander und Christian 6 Wochen vor dem Termin per Kaiserschnitt geboren wurden, kamen sie direkt in die 20 Kilometer entfernte Kinderklinik. Mein Sohn Fabian war zu der Zeit zweidreiviertel Jahre alt.

Bedingt durch die Zwillingsschwangerschaft haben mein Mann und ich uns schon früh mit dem Thema Frühgeburt auseinandergesetzt. So kamen wir mit der Situation, Frühchen zu haben, ganz gut zurecht und waren nicht so geschockt wie andere Eltern.

Nur über eine Frage haben wir uns vorher keine Gedanken gemacht: Was ist in dieser Zeit mit dem Geschwisterkind? Ich war ja froh, dass mein Mann für die Zeit nach der Geburt Urlaub hatte und sich so um unseren „Ältesten" kümmern konnte. Doch nun die Frühchen und vor der Station das Schild „Für Kinder unter 14 Eintritt verboten!"

Wohin also mit unserem Sohn, wenn wir in die Klinik zu unseren Zwillingen fuhren? Zum Glück sprangen hilfsbereite Nachbarn, Omas, Opas usw. ein, um auf Fabian aufzuassen. Da er ein sehr selbstbewusstes Kind ist, ging Fabian am Anfang auch ohne Probleme zu den Nachbarn, Omas und Opas und kam mit der Situation gut zurecht. Aber nach ungefähr einer Woche mussten wir ihn mit Engelszungen dazu überreden, woanders zu bleiben und ließen oft ein weinendes Kind zurück, wenn wir in die Klinik fuhren.

In dieser Zeit änderte sich Fabians Verhalten massiv: mein früher so selbständiges Kind, das froh war, etwas ohne Mama zu können, hing an mir wie eine Klette. Das letzte, was er abends vor dem Einschlafen und das erste, was er morgens beim Aufwachen fragte, war, ob ich wieder zu den Babys müsse ...

Dazu kam noch, dass er überhaupt nicht verstand, dass alle von seinen Brüdern erzählten und dass wir zu den Babys fuhren, ohne dass er je eines gesehen hatte. Die Fotos aus der Klinik halfen da auch nicht weiter.

Da der Zustand der Zwillinge von Anfang stabil war und sie sehr gut an Gewicht zunahmen, machten wir uns bald mehr Gedanken über Fabian als über Alexander und Christian. So beschlossen wir, nur noch zu den Fütterungszeiten in die Klinik zu fahren. Dies bedeutete für Fabian immer noch ganze drei Stunden ohne Eltern.

Es ging auch nicht, dass wir uns mit den Besuchen in der Klinik abwechselten, da ich durch den Kaiserschnitt am Anfang die Strecke zur Klinik noch nicht allein fahren konnte. Später beschlossen wir, dass mein Mann wieder arbeiten gehen sollte, um seinen Urlaub für die Zeit auszusparen, in der die Zwillinge aus der Klinik kamen.

Diese Entscheidung war für uns die beste Lösung. Zwar hatte ich ein schlechtes Gewissen, nur so kurz bei meinen Frühchen zu bleiben, wo doch andere Mütter den ganzen Tag dort zubrachten, doch, wenn ich dann an Fabian dachte, wusste ich, dass er mich zur Zeit mehr

brauchte und die Schmusestunden mit den Zwillingen konnten wir zu Hause später nachholen. Zusätzlich haben wir mehrmals täglich mit der Klinik telefoniert, um uns nach dem Zustand der Zwillinge zu erkundigen.
Jetzt kamen jedoch Probleme von anderer Seite auf uns zu. Als wäre es mir leicht gefallen, meine Babys nur für ein paar Stunden zu sehen, setzten mir noch Freunde, Nachbarn, Omas und Opas zu, ich solle mich mehr in der Klinik aufhalten. Die Probleme mit Fabian sahen sie alle nicht, und ich konnte mir Kommentare anhören wie: „Der fängt sich schon wieder!" oder „Er muss sich daran gewöhnen, dass Ihr nicht mehr so viel Zeit für ihn habt!" Doch für mich zählte gerade mein „Großer", musste er doch demnächst mit zwei Geschwistern konkurrieren, wo andere schon Schwierigkeiten haben, wenn sie nur von einem Geschwisterchen vom Thron geworfen werden.
Auch die Reaktionen der Schwestern und Ärzte auf unseren verkürzten Besuchszeiten ließen mich als „Rabenmutter" dastehen. Eine Schwester meinte sogar, dass das Geschwisterkind jetzt nicht zur Debatte stünde und nur die Frühchen zählen würden.
Das kann und will ich immer noch nicht akzeptieren. Wir konnten doch froh sein, dass die beiden so gut gediehen und nach dreieinhalb Wochen die Klinik verlassen konnten. Ich bin immer noch sehr dankbar dafür, dass ein Arzt Verständnis für unsere Lage zeigte und darin einwilligte, dass die Zwillinge schon mit 2.300 Gramm entlassen wurden und nicht erst mit 2.500 Gramm. Das ersparte uns weitere Tage in der Klinik. Wir hätten nicht gewusst, was passiert wäre, wenn es der Zustand der Zwillinge erfordert hätte, dass wir rund um die Uhr bei ihnen sein müssen und somit der Klinikaufenthalt länger gedauert hätte.
Es wäre bestimmt lobenswert, wenn die Kinderkliniken Betreuungsgruppen für Geschwisterkinder einrichten könnten, in denen Eltern ihre Kinder in solchen Fällen abgeben können. Außerdem sollte es möglich sein, dass Geschwisterkinder - gleich welchen Alters - wenigstens einmal zum Betrachten des neuen Geschwisterchens mit auf die Neo-Station zu nehmen. (Gitte B.)

Anm.: d. Autorin: Auf dem Frühchensektor hat sich allerdings inzwischen auch eine Menge geändert.

Welche Blüten Eifersucht treiben kann, konnte sich Zwillingsmutter Cornelia Nagel nicht vorstellen.

Unsere Älteste war zwei Jahre und drei Wochen alt, als die Zwillinge auf die Welt kamen. Ihren zweiten Geburtstag konnte ich noch mit ihr zu Hause feiern, dann musste ich zwei Wochen vor Termin ins Krankenhaus. Da mein Mann nur am Wochenende heimkam, seinen Urlaub auch auf die Zeit nach der Geburt aufsparen wollte, kam Johanna zu meiner Freundin. Insgesamt war sie also vier Wochen ausquartiert.

Wir hatten sie gut darauf vorbereitet, dass sie zwei Geschwisterchen bekommt. Andere Kinder bekämen nur eines, unsere Familie und natürlich auch sie wären etwas Besonderes.
Sie durfte mich mit den Zwillingen - Joachim und Sophia - aus dem Krankenhaus abholen und zu Hause stand ein Puppenbuggy im Wohnzimmer, den sie sich schon zu ihrem Geburtstag gewünscht hatte. Die Zwillinge hatten ihn ihr geschenkt.
Die Freude war groß, sie war auch ganz lieb zu den Kleinen, streichelte sie, kam zu mir, wenn einer schrie. Eigentlich lief alles super.
Irgendwann merkte ich, dass Joachim immer wieder völlig unmotiviert schrie. Er war, im Gegensatz zu seiner Zwillingsschwester sehr pflegeleicht. Vier-Stundenrhythmus, schlafen, wickeln, trinken und von vorne.
Ich hatte keine Erklärung dafür, bis ich auf einmal Zahnabdrücke auf seinem Ärmchen entdeckte. Das konnte nur Johanna gewesen sein. Ich holte meine Große her, zeigte ihr die Bissspuren und fragte sie, warum. Sie konnte mir natürlich keine Erklärung geben. Ich nahm mir viel Zeit, erklärte ihr, dass das ihrem Bruder weh tut und dass sie das nicht mehr machen darf.
Na ja - es half nichts. Sie biss ihn weiter. An seine Zwillingsschwester traute sie sich allerdings nicht ran!
Ich fragte meinen Kinderarzt. Er meinte, das wäre ganz normal. Entthronung und das auch noch doppelt. Mit einem zweijährigen Kind könne man nicht diskutieren. Wenn ich das nächste Mal merke, dass sie Joachim wieder beißt, solle ich sofort mit einem Wutgeschrei auf sie zugehen (als hätte sie meine schönste Hochzeitsvase kaputt gemacht) und sie ebenfalls beißen. ICH habe es tatsächlich so gemacht, man konnte den Abdruck meiner Zähne auf ihrem Arm sehen. Johanna war so verdutzt, heulte nicht einmal - und von da an war Ruhe!
Na ja - als wir zweieinhalb Jahre später umgezogen sind, in ein altes Haus mit Holztreppen, alles war neu gerichtet, aber die Löcher, in denen früher mal Holzwürmer drin gewesen waren, konnte man noch sehen.
Johanna machte ihren Geschwistern weis, dass man nicht auf die Stufen treten darf, dann würden die Würmer sofort rauskommen, sondern man müsse sich am Geländer hochhangeln. Das haben die drei mir vor ein paar Jahren gemeinsam gebeichtet, da waren sie alle schon über 20 Jahre alt. Ich nehme an, es hat noch vieles gegeben, ich will es gar nicht wissen ....
Heute leben und studieren oder arbeiten alle drei in verschiedenen Städten, aber sie sind sehr miteinander verbunden. (Cornelia Nagel)

Ein Kind nach Zwillingen?

Auch dieser „Fall" darf nicht vergessen werden. Wie fühlt es sich an, nach Zwillingen ein weiteres Kind zu bekommen? Das haben wir nicht nur auf unserer Facebook-Seite recherchiert (siehe Seite xx).

Sehr gut, kann ich aus eigener Erfahrung sagen. Waren die Zwillinge Ihre ersten Kinder, so sind Sie jetzt sturmerprobt und es haut Sie so leicht nichts mehr aus den Socken ...

Im Gegenteil: Ein einzelnes Kind nach Zwillingen ist Entspannung pur:
- Endlich können Sie sich nur um ein Kind kümmern,
- wenn es schreit, können Sie es beruhigen,
- und wenn es schläft, schläft es,
- wenn es schläft, ist Zeit für ein Buch oder für ein Nickerchen,
- wenn Sie einkaufen müssen - schnappen Sie sich das Kind und binden es sich auf den Bauch;
- kein sperriger Zwillingswagen - kein Problem.

Das heißt aber auch: Ist der Altersabstand zu groß oder haben die Zwillinge eine sehr enge Bindung zueinander, wird dieses Kind wie ein Einzelkind aufwachsen und das bedeutet:
- Sie müssen dieses Kind bespaßen und beschäftigen, wie Sie es von den Zwillingen her kaum gewöhnt waren;
- Sie müssen es trösten, weil es von den Zwillingen nicht zum Spiel eingeladen oder ausgeschlossen wird.

Sind die Zwillinge zweieiig und haben von Haus aus keine so intensive Beziehung wie eineiige Zwillinge zueinander, kann es auch bedeuten,
- dass dieses jüngere Kind die Zwillinge gegeneinander ausspielt,
- dass es zu einem Zwilling eine größere Beziehung hat,
- dass deshalb noch mehr gestritten wird.

Wie auch immer - diese Möglichkeiten werden Ihre Familienplanung kaum beeinflussen. Die Erfahrung sagt: Je mehr Kinder in einer Familie, desto geringer zwillingstypische Spezialprobleme.

Elternerfahrung: Ein Kind nach Zwillingen

Als Christoph und Collin in die Schule kamen, wurde das dritte Kind der Familie Lohse geboren: Cathy. Nicole Lohse erzählt.

Nur einen Tag nach dem Schulanfang haben Christoph und Collin noch eine kleine Schwester bekommen. Auch wenn das terminlich nicht gerade toll geplant war, war bei beiden die Freude groß. Als ich ihnen am Anfang des Jahres gesagt habe, dass wir noch ein Baby bekommen, hielt sich die Freude erst einmal in Grenzen. Bedenken, dass die Mama keine Zeit mehr für sie hat und dass das neue Kind ja dann die ganzen Spielsachen von ihnen nehmen würde, beschäftigte sie eine ganze Weile. Aber ich bin von Anfang an ehrlich zu ihnen gewesen und habe ihnen auch erklärt, was sich ändern wird. Und mit der Zeit freuten sie sich dann auch auf den weiteren Nachwuchs.

Ich habe beide auch intensiv miteingebunden und auch keine Fragen offen gelassen. Das Internet bietet ja sehr viel Informatives - gerade was die Entwicklungsstadien des Ungeborenen angeht. So waren sie zusammen mit dem Papa auch mit dabei bei der Feindiagnostik und beim 4D-Ultraschall. Ich glaube, man muss es für die Zwillinge nur ein wenig aufregend gestalten, denn von Außen sieht man ja nicht viel, nur das der Bauch halt größer wird.

Christoph und Collin mussten ihre Mama zwar entbehren, als sie in die Schule kamen, sonst gab's aber keine Probleme als die neue Schwester geboren wurde. Die Zwillinge entbehren nichts - sie haben ja sich. Die beiden bespaßen ihre Schwester ausdauernd.

Die Schwangerschaft war im großen und ganzen wie die Zwillingsschwangerschaft recht unkompliziert. Das Einzige, was mir etwas Probleme bereitete, war die noch von der Zwillingsschwangerschaft verbliebene Rektusdiastase, vor allem im Oberbauch, und ein Nabelbruch, was gerade so um die 25. SSW sehr unangenehm war. Ich wollte dieses Mal gern eine natürliche Geburt erleben, denn bei den Zwillingen war es damals wegen Überdehnung der Gebärmutter nicht zu Wehen gekommen. Die Ärzte überwachten auch regelmäßig die Narbe vom Kaiserschnitt, denn ich hatte immer Angst, dass hier etwas nicht halten könnte.
10 Tage vor dem errechneten Termin setzten dann die richtigen Geburtswehen ein und es kam zur gewünschten Spontangeburt. Was hier aber wieder Probleme bereitete, waren die „ausgebeulte" Gebärmutter und Bauchbänder. Ein einzelnes Kind hatte dadurch viel zu viel Platz und die Gebärmutter hatte allein nicht die Kraft, das Kind in den Geburtskanal zu transportieren. So wurde mir ein straffer Gurt umgelegt und von der Hebamme auch kräftig von oben gedrückt. Um so erstaunter war ich, dass trotz des großen Bauches nur ein Kind zur Welt kam mit gerade einmal 48 Zentimeter Größe und 3.280 Gramm Gewicht. Die Zwillinge hatten damals ein Gesamtgewicht von 6.880 Gramm und 103 Zentimeter Gesamtlänge. Aber auf die Größe kommt es ja nicht an. Hauptsache gesund und munter, wachsen tun sie von allein.
Christoph und Collin lieben ihre Schwester Cathy sehr. Eifersucht gibt es kaum, denn scheinbar haben sie sich und das reicht in den meisten Fällen. Sie nehmen sehr viel Rücksicht und bespaßen ihre Schwester ausdauernd. Cathy kommt mit ihren mittlerweile fast 5 Monaten auch in ein Alter, wo sie langsam für die Jungs interessant wird, da nun auch eine Reaktion zurückkommt. (Nicole Lohse)

PS. Die Zwillinge sind inzwischen zehn Jahre alt und Cathy ist drei. Cathy, ein Mädchen, mein Wunschkind hat die Zwillinge in jedem Falle „entthront". Alles dreht sich nur um sie , die Jungs müssen Rücksicht nehmen und werden von ihrer Schwester „gemaßregelt". Naja, wie das eben so ist ...

Die Zwillinge Mario und Luis waren fast sechs Jahre alt, als sie Zuwachs in Form ihres kleinen Bruders Valerian bekamen. Die Autorin dieses Büchleins, Gisela Otto, berichtet.

Dass nach den Zwillingen Mario und Luis noch ein Kind in die Familie geboren werden sollte, war mir gleich nach der Entbindung klar. Zwei Jungs - und wo war mein Mädchen? Die gehässige Hebamme prophezeite mir, binnen zweier Jahre würde ich sowieso wieder im Kreißsaal zu landen. Doch es sollten fast sechs Jahre werden und dann nicht in dieser „Geburtsfabrik".
Mario und Luis nahmen nur am Rande zur Kenntnis, dass ich schwanger war, sie konnten nicht allzu viel damit anfangen. Ich nahm sie zur Ultraschalluntersuchung mit. Es hat sie nicht

besonders interessiert, allerdings war die Ultraschalltechnik damals noch weit davon entfernt, wirklich gute Bilder zu liefern.
Ich ließ eine Fruchtwasseruntersuchung machen, um auszuschließen, dass mein drittes Kind behindert sein würde. Das lange Warten war zermürbend, aber endlich hatten wir Gewissheit: Unser drittes Kind war gesund und es würde wieder ein Junge werden.
„Schade!" - war der erste Gedanke. „Was für ein Glück!" der zweite. Nun würde das Spielzeug der beiden großen Buben übernommen werden können und wir Eltern würden nicht auf die Idee kommen, uns eine kleine verwöhnte Prinzessin heranzuziehen. Dass wir uns einen kleinen verwöhnten Prinzen heranziehen würden, wussten wir damals allerdings noch nicht.
Natürlich drehte sich anfangs viel um den neuen kleinen Sohn, Valerian. Als erstes wurden die Zwillinge aus dem Ehebett, in das sie Nacht für Nacht immer noch geschlüpft waren, ausquartiert. Sie trugen es mit Fassung und bestätigten, dass sie gedacht hatten, wir Eltern fänden es so schön, sie immer noch nachts bei uns zu haben. Sie waren (und sind inzwischen wieder) immer sehr lieb zu ihrem kleinen Bruder. Es gab nicht einen Anflug von Eifersucht. Die beiden Buben waren auch viel zu sehr mit ihren Freunden beschäftigt und der Umstellung, den die Einschulung ein Jahr nach Valerians Geburt mit sich brachte.
Probleme traten erst auf, als der kleine Valerian größer wurde und eindeutig seinen Bruder Mario bevorzugte. Mario war auch der dominantere des zweieiigen Zwillingspaars, der immer den Ton angab, der neue Freunde fand und den „Marsch vorgab". Valerian orientierte sich offensichtlich am „Boss". Und sobald der Kleine sprechen konnte, musste der arme Luis einiges einstecken.

Luis und Mario schmusten nur allzu gern mit ihrem kleinen Bruder Valerian. Der wurde erst zum „Problemchen", als er später die älteren Brüder gegeneinenander ausspielte und eindeutig Mario, den „Boss", bevorzugte.

Als Legastheniker tat er sich schwer in der Grundschule und Valerian, der allerdings auch sehr spät sprechen gelernt hatte, triezte und ärgerte seinen größeren Bruder, der sich mit Fußtritten unter dem Esstisch zu wehren versuchte und natürlich denjenigen traf, der ihm am meisten zugetan war: mich.
Das waren noch einmal harte Jahre. Heute sind die drei Jungen fast erwachsen und verstehen sich ausgezeichnet und das nicht nur, weil sie nur noch sehr selten zusammen sind. Nur Valerian wohnt noch zu Hause, die Zwillinge sind längst ausgeflogen.
Was sehr schade war, ist, dass Valerian sehr lange keine eigenen Freunde hatte. Durch den fortwährenden Kontakt zu älteren Jungen, nämlich seinen Brüdern und deren Freunden, fühlte er sich Gleichaltrigen immer überlegen. Es dauerte lange, bis er endlich Freunde fand, die zu ihm passten. Auch heute noch sind sie in der Regel älter als er selbst.
Dass dem „kleinen“ Valerian mehr nachgesehen wurde, als ihnen beiden, hat die Zwillinge nicht besonders gestört. Im Gegenteil: später belächelten sie mit uns Eltern gemeinsam dessen Allüren, wenn er sich einmal mehr als kleiner verwöhnter Prinz aufspielte.

Facebook-Umfrage: Wie geht das - Zwillinge und dann ein Geschwisterkind?

Diese Frage wurde auf Facebook gestellt: „Wir haben Anfang des Jahres Zwillinge bekommen und sind überglücklich, da wir immer mehrere Kinder haben wollten. Gerne würden wir auch noch ein drittes Kind bekommen, sind uns aber nicht sicher, ob sich dieses Kind dann immer ausgeschlossen fühlen würde, da die Zwillingen so ‚eng' miteinander sind und sich wahrscheinlich immer blind verstehen. Wir sind nicht sicher, in wie weit wir da erzieherisch eingreifen können. Nun die Frage, ob es Zwillingseltern gibt, die sich nach ihren Zwillingen (die ihre ersten Kinder waren) BEWUSST gegen ein drittes Kind entschieden haben, da sie die gleichen Sorgen hatten, dass das dritte Kind immer das berühmte fünfte Rad am Wagen wäre. Oder gibt es Zwillingseltern, die ein drittes Kind bekommen haben und wo alles gut läuft?"

Britta B. „Erstens wage ich zu bezweifeln, dass man nach einem halben Jahr erkennen kann, wie eng Zwillinge tatsächlich miteinander sind. Zweitens gibt es nichts Schöneres als nach Zwillingen mit all ihren Turbulenzen ein einzelnes Kind zu bekommen. Endlich kann man sehen, wie es wirklich ist ... hat immer Zeit, wenn es schreit, muss sich nicht vierteilen und kann genießen. Dies jedenfalls meine sehr positive Erfahrung. Bei mir war der Abstand - was ich für sehr wichtig halte (wegen des Stresses) - 5,5 Jahre. Dass der Kleine wie ein Einzelkind aufwuchs, war Nebensache. Er war nie ausgeschlossen. Heute sind alle drei sehr gute Freunde ohne jede Eifersucht oder andere Probleme."

Nicole L. „Also ich wollte immer noch ein drittes Kind und nach zehn Jahren habe ich meinem Mann auch überzeugen können. Bei uns ist es eher so, dass die Zwillinge viel zurückstecken, da die Kleine unser Nesthäkchen ist und sicher auch durch den großen Altersunterschied. Aber unsere Zwillinge haben auch nicht so ein enges Verhältnis zueinander. Also sie hängen schon sehr aneinander und sind auch fast immer zusammen unterwegs, aber sie sind halt mehr wie ‚normale' Geschwister. Ich würde mir also darüber nicht allzuviele Gedanken machen. Und die Großen schließen sie auch nicht aus. Im Gegenteil sie beschäftigen sich sehr viel mit ihr. Ich denke aber auch, dass man nach einem halben Jahr eh noch nicht sagen kann, wie die Bindung der Zwillinge zueinander wird."

Petra B. „Ich glaube auch, dass man nicht sagen kann, wie die Kinder mal so werden oder welches Verhältnis sie zueinander haben werden! Meine Jungs können zur Zeit nicht miteinander und nicht ohne einander! Es wäre doch schade, aus ‚Angst' nicht zu erleben, wie es mit noch mehr Kindern ist! Oder? Ich würde mir lieber Sorgen machen (so wie mein Mann), ob nicht aus ‚Versehen' nochmal Zwillinge vorbeischauen!"

Elen E. „Zwillinge hin oder her - bei drei Kindern (ungerade Zahl) wird sich immer jemand benachteiligt fühlen. Ich bin mit 19 Jahren Mami von meinen Zwillingsjungs geworden und für mich gab es nie die Überlegung wegen eines dritten Kindes. Aber nun habe ich beschlossen, nach meiner Ausbildung plus einem Jahr Arbeitserfahrung doch noch ein drittes Kind zu bekommen und somit sind die Zwillinge altersmäßig weit von dem geplanten dritten Kind entfernt. Ich glaube, ein großer Altersabstand würde sich auch positiv auf die Beziehung zwischen den Kindern auswirken."

Marlies G. „Ich habe zuerst Zwillinge (Jungs, heute 15 Jahre alt) bekommen, war mit ihnen 3,5 Jahre alleinerziehend, weil es dem Vater nach drei Monaten zu stressig war. Er verschwand auf Nimmerwiedersehen ... Dann habe ich einen neuen Mann kennengelernt und mit ihm zusammen noch eine Tochter (heute 11 Jahre alt) und einen Sohn (heute 5 Jahre alt) bekommen. Der Abstand von 4 bis 5 Jahren war für uns optimal, die Zwillinge mussten mich ja schon immer teilen und haben damals ihre kleine Schwester geliebt. Heute verstehen sie sich auch noch, nur sind die Interessen mittlerweile doch recht verschieden, auch wegen des Altersunterschiedes."

Claudia N. „Mein drittes Kind nach den Zwillingen waren wieder Zwillinge. Wieder zweieiig und auf natürlichem Weg ..."

Ramona E. „Unsere Mädels sind 14 Monate alt und sie werden wahrscheinlich unsere einzigen Kids bleiben ;)) wir wollten immer zwei Kinder und haben sie auf einen Schlag bekommen. Letztendlich könnt nur Ihr zwei gemeinsam entscheiden, ob für ein drittes oder viertes Kind noch Platz ist. Wir fühlen uns mit den zwei Mädels komplett."

Melanie S. „Stimmt. Das ist ja auch so wichtig - fühlt sich die Familie komplett, kommt der Gedanke an weitere Kinder nicht auf. Ich wollte auf jeden Fall die Erfahrung mit einem einzelnen Kind machen (oder weiteren). Mein Mann hatte auch Angst, dass es wieder zwei werden. Zur Situation der Fragestellerin: vielleicht ist es einfach viel zu früh, über eine endgültige Familienplanung zu entscheiden."

Jana T. „Ich habe mich vor kurzem mit einer Frau unterhalten, die selbst ein eineiiger Zwilling ist. Sie meinte, dass ihr drittes Geschwisterchen sich immer ausgeschlossen gefühlt hat, da die anderen beiden sich ohne Worte verstanden haben und viel Schabernack getrieben haben woran die dritte nicht teilnehmen konnte. Das muss aber nicht so laufen. Es ist - denke ich - individuell.

Mandy P. „Also wir haben als zweites ‚Kind' Zwillingsjungs bekommen und unsere große Tochter (nur 16 Monate älter) fühlt sich gar nicht ausgeschlossen. Im Gegenteil die drei (3,5 und 2 Jahre alt) machen sehr viel zusammen. Ob es jetzt ein Unterschied ist, ob die Zwillinge vorher schon da waren oder danach, weiß ich nicht."

Petra H. „Wir haben als zweites Zwillingsbuben bekommen und der Große ist vier Jahre älter. Sie bezeichnen sich als Drillinge, stecken immer zusammen und wollen noch ein kleines Geschwisterchen."

Wichtige Adressen für Zwillingseltern

- www.twins.de Wichtige Bestelladresse für Zwillings- und Mehrlings-Literatur, Zwillingskinderwagen und Zwillingsstillkissen
- www.deutscher-zwillingsclub.de
- www.catwins.de 1mal jährlich ein großes Treffen in Berlin
- www.mehrlinge-franken.de regelmäßige Treffen, Basare
- www.doppelpack.org Zwillingstreffen & Basare in Köln
- www.zwillingseltern.at Treffen & informativer Internetauftritt
- www.zwillinge.at Interessantes Forum nicht nur für österreichische Zwillingseltern
- www.zwillingswelten.de Internet-Plattform für Zwillingseltern
- www.erbseundwurzel.de Agentur, die Werbeauftritte vermittel & eine große Datei mit vielen Zwillingen führt
- www.bremer-zwillinge.de Rolf und Joachim Scheu veranstalten Zwillingstreffen
- www.mehrlingselternverein.at
- www.zwillingsland.de
- www.zwillingsmütterstammtisch.de
- www.liebzwei.de - Kleidungssets für Zwillinge, Spielzeug
- www.zwillingslook.de - Kleidungssets für Zwillinge
- www.twinsworld.de - Onlineshop rund um Zwillinge
- www.twinmedia.ch - Literatur für Zwillinge
- www.zwillings-erstausstattung.de

Weiterlesen mit dem ...

Das Zwillinge A B C

... Ihnen hat das kleine Büchlein zum Thema „Zwillinge & Geschwister" gefallen. Dann haben Sie sicher auch an weiteren Büchlein aus dem Zwillinge A B C Spaß. Folgende Titel gibt es schon oder sie sind in Vorbereitung oder bereits erschienen:

* Das Zwillinge A B C: Weihnachten mit Zwillingen, 12,90 € (Nov. 2013)
* Das Zwillinge A B C: Mit Zwillingen kochen & backen 14,90 € (Mai 2014)
* Das Zwillinge A B C: Persönlichkeitsfindung 14,90 € (Juni 2014)
* Das Zwillinge A B C: Väter - die wahren Helden am Wickeltisch (Mai 2014)
* Das Zwillinge A B C: Wir feiern Zwillingsgeburtstag 14,90 € (Juni 2014)
* Das Zwillinge A B C: Frühchenzwillinge 14,90 € (Oktober 2014)

Erscheinungsdatum ohne Gewähr. Das Weihnachtsbüchlein gibt es bereits.

Weitere Bücher aus unserem Verlagsprogramm:

Mehr Information und Bestellungen unter www.twins.de oder an ZWILLINGE, Postfach 40 11 11, 86890 Landsberg, info@twins.de